बनवास

बनवास

शकील आज़मी

MANJUL
मंजुल पब्लिशिंग हाउस

MANJUL
मंजुल पब्लिशिंग हाउस
कॉरपोरेट एवं संपादकीय कार्यालय
•द्वितीय तल, उषा प्रीत कॉम्प्लेक्स, 42 मालवीय नगर, भोपाल-462 003
विक्रय एवं विपणन कार्यालय
•सी-16, सेक्टर 3, नोएडा, उत्तर प्रदेश - 201301, इंडिया
वेबसाइट : www.manjulindia.com
वितरण केन्द्र
अहमदाबाद, बेंगलुरू, भोपाल, कोलकाता, चेन्नई,
हैदराबाद, मुम्बई, नई दिल्ली, पुणे

बनवास

यह हिन्दी संस्करण 2023 में पहली बार प्रकाशित
द्वितीय आवृत्ति 2024

ISBN 978-93-5543-329-9

मुद्रण व जिल्दसाज़ी : रेप्रो इंडिया लिमिटेड

अपने दादा समद ख़ान और परदादा
भीकू ख़ान के नाम

मेरा सब कुछ मिरे माज़ी के हवाले से है
मेरे मंगल को मिरे पीर से पहचाना जाय

महा पंडित राहुल सांकृत्यायन और
अयोध्या सिंह उपाध्याय 'हरिऔध' की याद में

साहित्य, समाज और मिट्टी के हवाले से

शुक्रिया तेरा ख़ाक–ए–आज़मगढ़
हम यहीं खेल कर बड़े हुए हैं

शकील आज़मी – एक परिचय

शकील आज़मी का जन्म उत्तर प्रदेश के ज़िला आज़मगढ़ के उनके ननिहाली गाँव 'सहरिया' में 20 अप्रैल 1971 को हुआ। उनका आबाई वतन आज़मगढ़ का ही एक गाँव 'सीधा सुलतानपुर' है। उनके पिता का नाम वकील अहमद ख़ान और माँ का नाम सितारुन्निसा ख़ान है। माँ के स्वर्गवास के बाद उनकी परवरिश उनकी नानी ने की। वो प्रायमरी तक पढ़ कर मुंबई चले आए और फिर गुजरात के शहर बड़ौदा चले गए। दो वर्ष बड़ौदा में और दो वर्ष भरुच में रहने के बाद वो सूरत आ गए और यहाँ दस वर्ष गुज़ारे। 1984 में उन्होंने पहली ग़ज़ल बड़ौदा में कही लेकिन उनकी शायरी सूरत में परवान चढ़ी। फ़रवरी 2001 में वो दोबारा मुंबई आए और यहीं के होकर रह गए। उर्दू में अब तक उनकी शायरी की सात किताबें धूप दरिया (1996) ऐशट्रे (2000) रास्ता बुलाता है (2005) ख़िज़ाँ का मौसक रूका हुआ है (2010) मिट्टी में आसमान (2012) पोखर में सिंघाड़े (2014) बनवास (2020) प्रकाशित हो चुकी हैं। हिन्दी में 'चाँद की दस्तक' और 'परों को खोल' के बाद 'बनवास' उनका तीसरा काव्य संग्रह है। 'बनवास' में छियासी नज़्में और तीस ग़ज़लें हैं जिनका तअल्लुक़ जंगल और रामायण से है ये किताब अदबी हल्क़ों में अपने विषय के अनोखेपन और कंटेन्ट के तजरबाती और रचनात्मक बर्ताव के कारण आधुनिक शायरी में एक शाहकार, महाकाव्य और CREATIVE EPIC के रूप में देखी जा रही है।

शकील आज़मी को विभिन्न सरकारी, साहित्यिक और फ़िल्मी संस्थाओं से अब तक बीस पुरुस्कार मिल चुके हैं जिनमें गुजरात उर्दू साहित्य अकैडमी अवार्ड (1997-2001-2006-2011-2013) महाराष्ट्र उर्दू साहित्य अकैडमी अवार्ड (2011-2015-2021) उत्तर प्रदेश उर्दू अकैडमी अवार्ड (1997-2006-2015-2021) बिहार उर्दू अकैडमी अवार्ड (2006-2011-2013-2015) के अलावा गुजरात गौरव अवार्ड, कैफ़ी आज़मी अवार्ड, SWA अवार्ड, FOIOA

अवार्ड और झारखंड नेशनल फ़िल्म फ़ेस्टिवल अवार्ड भी शामिल हैं। 1980 के बाद के शायरों में उन्हें एक ख़ास मुक़ाम हासिल है। उन्होंने फ़िल्म, वेबसीरीज़, टीवी और कई प्राइवेट एल्बम के लिए भी गीत लिखे हैं। भीड़, अनेक, थप्पड़, आर्टिकल 15, मुल्क, शादी में ज़रूर आना, ज़िद, 1921, तुम बिन 2, मदहोशी, ज़हर, 1920 एविल रिटर्न्स, EMI, हॉन्टेड, नज़र, धोखा, बदनाम और 'लाइफ़ एक्सप्रेस' वग़ैरह उनकी ख़ास फ़िल्में हैं। मुशायरे के सिलसिले में वो अमरीका, कनाडा, दुबई, शारजाह, अबूधाबी, बहरीन, दोहा, क़तर, कुवैत, मस्क़त, सऊदी अरबिया, श्रीलंका और नेपाल का सफ़र कर चुके हैं। उनकी शोहरत का दायरा साहित्य से फ़िल्म तक और फ़िल्म से मुशायरे तक फैला हुआ है। वो ख़वास में जितने मुमताज़ हैं अवाम में उतने ही मक़बूल हैं।

'बनवास' समकालीन शायरों व आलोचकों की नज़र में

शकील आज़मी बज़ाहिर अपनी उम्र से कम दिखाई देते हैं, लेकिन उनकी तख़लीक़ी ज़िन्दगी का क़िस्सा मुख़्तसर नहीं है। वो अदब और फ़िल्म दोनों के मिज़ाजशनास हैं। उनकी इन्फ़िरादियत का जो रंग मुझे सबसे ज़्यादा पसन्द आया वो फ़ितरत, मज़ाहिर, माद्दी दुनिया और अपनी इज्तेमाई तारीख़ से उनका शग़फ़ है। इन तर्जीहात और रवैयों का अक्स उनकी हालिया नज़्मों में साफ़ नज़र आता है। उम्मीद है कि इस किताब के पढ़ने वालों में ये कोशिश क़द्र की नज़र से देखी जाएगी।

– प्रो. शमीम हनफ़ी

जंगल हमारा आबाई वतन है। हज़ारों बरस पहले जब ज़मीन पर इन्सानी ख़ून और बारूद की लकीरें नहीं खींची गई थीं, जब न मुल्क थे न शह्र थे, न रियासतें थीं, तब सिर्फ़ ज़मीन थी, जंगल थे और हम थे। जंगल हमारी रगों में ख़ून के साथ बह रहे हैं वो हमें पुकारते हैं, अपनी तख़रीब की फ़रियाद करते हैं, लेकिन हम ये आवाज़ अनसुनी कर देते हैं। शकील आज़मी ने ये आवाज़ सुनी है और अपने लफ़्ज़ों में इस आवाज़ की तस्वीर भी बनाई है और तस्वीर को गुफ़्तगू का हुनर भी अता किया है।

– जावेद अख़्तर

'बनवास' अपनी नवैयत और मख़सूस मज़ामीन के बाइस एक मुनफ़रिद किताब है, जिसको किसी दूसरे तो क्या ख़ुद शकील आज़मी के साबिक़ा कलाम के साथ भी रखकर नहीं देखा जा सकता। हिन्दू माइथोलॉजी में 'जंगल' की तल्मीह और इस्तेआरे को जो ग़ैरमामूली अहमियत और फ़ज़ीलत हासिल है, शकील आज़मी ने उसका इन्तेहाई ख़ूबसूरत और कामयाब अहाता करके यक़ीनन उर्दू अदब में अपने लिए एक मुनफ़रिद और मुमताज़ मक़ाम हासिल कर लिया है। इस किताब को पढ़ते वक़्त आप ज़मान और मकान की जिन नई जेह्तों से आश्ना होते हैं, वो ख़यालअफ़रोज़ भी हैं और ख़यालअंगेज़ भी।

– अमजद इस्लाम अमजद

शकील आज़मी का 'बनवास' इन्सान और प्रकृति के इश्क़ का एक ऐसा काव्य ग्रन्थ है, जिसमें माज़ी, हाल और मुस्तक़बिल की तहज़ीबी ख़ामोशी ने शायरी का रूप धारन कर लिया है। हमारी अदबी तारीख़ के जुग़राफ़िये में इतनी ज़रख़ेज़ शे'री ज़मीन और

इतना हराभरा तख़लीक़ी जंगल पहले कभी नहीं देखा गया। बरसों पहले मैंने शकील को उस ग़ज़ल की दाद दी थी, जो 'बनवास' की तकमील का आगाज़ थी।

– डॉ. राहत इन्दौरी

शकील आज़मी अगर 'बनवास' में अपने लोगों से बिछड़ जाने और अपनी मिट्टी से उखड़ जाने के दर्द से वाक़िफ हैं तो वहीं 'बनवास' की सियासत को भी ख़ूब समझते हैं। मेरा ख़याल है कि शकील आज़मी के इस 'बनवास' में क़ारी मर्यादा पुरुषोत्तम के नज़रियाती हक़ाइक़ का ब-आसानी इदराक कर सकेंगे, मुझे उम्मीद है कि शकील आज़मी का ये 'बनवास' इन्सानी ज़िन्दगी के जंगल में रौशनी का एक अलाव साबित होगा।

– हसन कमाल

इन्सानी ज़िन्दगी की कुल्लियत का इदराक जंगल के बग़ैर नहीं किया जा सकता। हिस्सियाती और ज़ेहनी ज़िन्दगी के बुनियादी रम्ज़ को हमारे अह्द के आशोब का तख़लीक़ी रज़्मिया क़लमबन्द करने वाले शायर शकील आज़मी ने पा लिया है। उन्होंने उर्दू शायरी की तारीख़ में पहली बार 'जंगल' का एक ऐसा हमाहिस्सी (Multi Sensory) निगारख़ाना तशकील दिया है, जिसमें तख़लीक़ी इर्तिफा और हिस्सियाती मदारात के इम्कानात बेश अज़ बेश मौजूद हैं। शकील आज़मी का ताज़ातरीन मजमूआ 'बनवास' उर्दू शायरी की सिक्काबन्द शे'रियात और मुताअय्युन मौज़ूआत से एक ख़ुशगवार नुक़ता-ए-इन्हेराफ़ की ख़बर देता है, जिसकी तहसीन लाज़मी है।

– प्रो. शाफ़े क़िदवाई

'बनवास' इन्सान और जंगल की एक दूसरे में आमद-ओ-रफ़्त का शे'री पैकर है, जिससे शकील आज़मी ने एक अनोखा तख़लीक़ी बयानिया तरतीब दिया है। जंगल हमारी तहज़ीबी ज़िन्दगी में कम-अज़-कम तीन लाज़मी शक्लों में शामिल रहा है - क़दीम फ़ितरी जंगल, हिन्दुस्तानी तहज़ीबी रिवायत का रूमानी जंगल और तीसरा उर्दू शायरी का इस्तेआराती जंगल। शकील आज़मी ने इन तीनों को एक वसीअ-तर शे'री बयानिये में यकजा कर दिया है। 'बनवास' शकील आज़मी के शे'री सफ़र का एक नेहायत रौशन और ग़ैरमामूली संग-ए-मील है, जिसका शायान-ए-शान इस्तेक़बाल किया जाना चाहिए।

– फ़रहत एहसास

शकील आज़मी हमारे अह्द के ऐसे फ़अ'आल और ज़हीन शायर हैं, जिनके यहाँ ग़ैरमामूली तख़लीक़ी वफ़ूर है और उस वफ़ूर को फ़न्नी ज़ब्त के साथ इज़हार बनाने का सलीक़ा भी है। 'बनवास' की नज़्मों में दर आने वाले देवमालाई किरदारों और कैफ़ियात ने जहाँ एक मुनफ़रिद फ़ज़ा क़ायम की है, वहीं गज़लों में इस्तेमाल होने वाले जंगल के मुताअल्लिकात-ओ-मुन्सलिकात ने जंगल में मंगल करके दिखा दिया है। शकील आज़मी ने जंगल की रंगारंगी और उसकी उस्अतों को इस फ़नकारी के साथ अपनी तख़लीक़ी रौशनाई का हिस्सा बनाया है कि उसमें तजरुबात का समुन्दर ठाठें मारता हुआ दिखाई देता है।

– प्रो. शहपर रसूल

शकील आज़मी मौजूदा अदबी मंज़रनामे में अपने शे'री इन्फेराद के बाइस मुख़्तलिफ़ और नुमायां-तरीन नज़र आने वाले मुस्तक़बिल-गीर शायर हैं। उनकी शायरी की सबसे बड़ी ख़ूबी ये है कि वो किताब और मुशायरा दोनों जगह अपने होने का सुबूत फ़राहम करती है। जंगल के अपने भेद हैं, उन भेदों में उतरना, उन्हें जानना और बसर करना और उन्हें शे'र में ढालना नेहायत मुश्किल काम है, लेकिन मैं बड़ी ज़िम्मेदारी से कहता हूँ कि ये मुश्किल काम शकील आज़मी ने बड़ी आसानी से किया है, जो किसी कारनामे से कम नहीं।

– अब्बास ताबिश

शकील आज़मी हमअस्र शे'री मंज़रनामे का एक मोतबर नाम है। अपनी शे'री कायनात से मुतअल्लिक़ अपने असलूब के सबब उन्होंने शोहरत हासिल की अह्द-ए-हाज़िर में ऐसे तख़लीक़कार नहीं हैं, जो तखलीक़ी रज़्मिये (creative epic) पर क़लम उठाएँ, लेकिन शकील आज़मी ने ये काम करके उर्दू शायरी में अपना अलग मक़ाम बनाया है।

– अम्बर बहराइची

शकील आज़मी समकालीन उर्दू शायरी का एक ऐसा अहम नाम है जो अपने मुन्फ़ारिद लहजे और ख़ास डिक्शन की वजह से दूर से पहचाना जाता है। उनके लफ़्ज़ों का कुनबा अच्छा ख़ासा है जिनके साथ वो अक्सर तख़लीक़ी इम्कानात की हदों को तोड़ते हुए दूर निकल जाते हैं और सृजन का एक ऐसा नया संसार रच देते हैं जो हैरतों के नये सिलसिलों का पता देता है। उनके अंदर के ख़्वाब बाहर की हक़ीक़त से क़दम क़दम पर टकराने का हौसला रखते हैं। इस टकराव का नतीजा ही वो झंकार है जो बहुत मुश्किल से हाथ आती है, उनकी शायरी में ये झंकार जगह-जगह सुनाई देती है।

'बनवास' दृष्टि और कथ्य की नवीनता के कारण अदब में एक अहम इज़ाफ़ा है। इसमें रामायण के अलग-अलग चरित्रों के उन पहलुओं को उन्होंने छूने की कोशिश की है जिन पर कम बात हुई है, इस कोशिश में वो कई किरदारों के वजूद और सोच की बारीक परतों तक पहुँचते हैं और उसे इस तरह उकेरते हैं कि उनके तमाम रंग और शेड्स जीवंत हो उठते हैं और इस हद तक जीवंत कि पढ़ने वाला पढ़ते-पढ़ते ठहर कर सोचने लग जाए। इस कृति के दूसरे हिस्से से गुज़रते हुए अक्सर ये महसूस होता है कि शकील जंगल के साथ एकाकार होते जाते हैं। जंगल के दिन-रात, जंगल के सुख-दुःख उनके अपने जिए हुए लगते हैं, जंगल का इंसान में और इंसान का जंगल में इस तरह ट्रांसफॉर्म होना इस कृति को नायाब बनाता है।

– मदन मोहन दानिश

जब जंगल में लहलहाते हुए पेड़-पौधे, चरिन्द-परिन्द, पहाड़ और झरने हम-आवाज़ हों तो उन्हें सुनने और उनकी ज़बान समझने के लिए समा' अतों और बसीरतों को कठिन तपस्या से गुज़रना पड़ता है। फिर एक साधना उसे शायरी में ढालने के लिए भी लाज़मी ठहरी, जिसमें कामयाबी तभी मुमकिन हो पाती है, जब नाज़िर नाज़िर न रहकर ख़ुद मंज़र में तहलील हो जाए। असातीरी और देवमालाई किरदार और वाक़ेयात के हवाले से फ़ितरत और इन्सान के तअल्लुक़ को नज़्मों का पैरहन अता करना यक़ीनन मुश्किल काम रहा होगा लेकिन शकील आज़मी इस मुश्किल काम को आसान करने में कामयाब हुए हैं। शह्र में शबगर्दी और जंगलों में चहलक़दमी करने वाले शायर शकील आज़मी का ये मजमूआ 'बनवास' असातीर और जंगल की यकजाई का जश्न है।

–नोमान शौक़

रामकथा पर एक नयी उपज

अगर भारतीय उपमहाद्वीप में विकसित और समृद्ध हुई सभ्यता के महत्वपूर्ण आधार यहाँ के महाकाव्य रामायण और महाभारत- बन सके, तो इसका कारण यह है कि ये महाकाव्य और इस तरह के दूसरे ग्रन्थ जैसे- कथासरित सागर, दास्तान-ए-अमीर हमज़ा खुले हुए ग्रन्थ हैं। खुले हुए यानी 'ओपन एन्डेड'। इन्हें कहने या लिखने वालों को यह अधिकार हासिल है कि वे इनमें आयी कथाओं आदि का अपनी कल्पना के अनुरूप विस्तार कर सकें। जैसे-जैसे ये महाकाव्य या ऐसे ही दूसरे ग्रन्थ लिखे या सुनाये जाते रहे हैं, उनमें विस्तार या बढ़त होती रही है। ऐसी सैकड़ों कहानियाँ या कविताएँ पाण्डवों या रावण या सीता आदि को लेकर आपको साधारण लोगों के बीच मिल जायेंगी जो वेद व्यास के महाभारत या वाल्मिकी की रामायण में नहीं मिल सकेंगी। इस सभ्यता में इन ग्रन्थों का इस तरह खुला होना यह बताता कि यहाँ किसी भी सत्य को अन्तिम मानने से गुरेज़ किया जाता रहा है। अगर ऐसा नहीं होता तो यह कैसे मुमकिन था कि एक कन्न्ड़ रामायण में राम के सीता को बार-बार वन जाने से मना करने पर भी न मानने पर जब राम उन्हें कड़े शब्दों में रोकते हैं, सीता यह कहती हैं कि आप मुझे क्यूँ कर वन नहीं ले जायेंगे जबकि हर रामायण में सीता राम के साथ वन में जाती है। इसी तरह की एक बढ़त या उपज हमें महाभारत के कहन में भी मिलती है। एक बिल्कुल अलग क़िस्सा महाभारत के भाग की तरह ही महाभारत में जोड़ दिया जाता है। यह क़िस्सा तब का है, जब युधिष्ठिर अपने भाइयों और द्रौपदी के साथ वनवास भोग रहे हैं। वे चलते-चलते एक ऐसी जगह पहुँचते हैं जहाँ दूर-दूर तक खाने को कुछ भी नहीं है। द्रौपदी को जोर की भूख लगी है। तभी उन सभी को दूर एक पेड़ दिखायी देता है जिस पर एक फ़ल लटका हुआ है। उसे देखते ही द्रौपदी की दबी हुई भूख पूरे जोश-ओ-ख़रोश से प्रकट हो जाती है। भीम उस फल को तोड़कर द्रौपदी को दे देते हैं। उनके ऐसा करते ही वहीं वन में कृष्ण प्रकट हो जाते हैं। वे पाण्डवों और द्रौपदी से कहते हैं कि तुम लोगों ने बिना सोचे-विचारे इस फ़ल को तोड़कर बहुत बड़ी ग़लती की है। तुम्हें अपनी इस हरकत का ख़मियाज़ा भुगतना पड़ेगा जिसके चलते तुम्हारा वनवास कभी खत्म ही नहीं होगा। द्रौपदी और पाण्डवों के यह पूछने पर कि उनसे यह कौन-सी गलती हुई है, कृष्ण कहते हैं कि यह जो फल आपने तोड़ा है, उसे इसी पेड़ के नीचे वर्षों से तपस्या कर रहे साधु ने अपने उपवास तोड़ने के लिए पेड़ पर लटकाये

रखा था वह साधु अभी नहाने नदी के घाट पर गया है। वह जैसे ही लौटकर इस फल को लटका हुआ नहीं पायेगा, इसे तोड़ने वाले अपराधियों को शाप दे देगा।

पाण्डवों के यह पूछने पर कि अपनी इस गलती को वे किस तरह सुधार सकते हैं, कृष्ण कहते हैं कि यह तभी मुमकिन है जब तुम सभी भाई और द्रौपदी अपनी अन्तरतम इच्छा सुनाओ। याद रहे कि अगर तुमने झूठ बोला, तुम्हें शाप से कोई नहीं बचा पायेगा, मैं भी नहीं सारे पाण्डव अपनी-अपनी अन्तरतम इच्छाएँ बताना शुरू करते हैं वे जैसे-जैसे इच्छाएँ बताते जाते है, टूटा हुआ फल हवा में झूलता हुआ पेड़ की उस डाली की ओर अपने आप बढ़ने लगता है, जहाँ वह टूटने से पहले लगा हुआ था। आख़िरी बारी द्रौपदी की होती है, वे कहती हैं कि उनकी अन्तरतम इच्छा यह है कि वे अपने पाँचों पतियों को समान रूप से चाह सकें। द्रौपदी के यह कहते ही डाल के बहुत पास पहुँचा फल फट् से ज़मीन पर आ गिरता है। यह देखकर कृष्ण कहते हैं, 'द्रौपदी, तुम मेरी सखा हो, लेकिन मुझे पता है कि तुमने सच नहीं बोला यह फल इसीलिए नीचे आ टपका है। मैं तुम्हें एक और मौका दे देता हूँ। अगर तुम अब भी सच न बोली, तो अपने पतियों और ख़ुद को हमेशा जंगल में ही पाओगी। यह सुनकर द्रौपदी बोली कि वह कर्ण को अपने छटवें पति के रूप में पाना चाहती है। उसके यह बोलते ही फल ज़मीन से उठकर अपने-आप उस डाल पर जाकर लटकने लगता है, जहाँ से उसे भीम ने तोड़ा था। यह क़िस्सा वेदव्यास की महाभारत में नहीं है, लेकिन फिर भी यह बढ़त या उपज लोक में प्रचलित है। इस बढ़त या उपज को ही नाट्यशास्त्र में मनोधर्म कहा गया है। मनोधर्म यानी मन का धर्म।

'बनवास' शकील आज़मी की रामकथा पर अपनी तरह की बढ़त या उपज है। इसे रामकथा की तमाम उपजों की तरह ही पढ़ा जाना चाहिए। यह सच है कि इसमें शकील आज़मी ने रामकथा में शामिल किस्सों में बढ़त नहीं की है लेकिन उन्होंने इस कथा को नये अलंकारों यानी नयी उपमाओं और रूपको के सहारे, नयी लय और छन्दों के सहारे कहा है। इसे भी बढ़त ही कहा जायेगा और इन बढ़तों या उपजों के फलस्वरूप शकील आज़मी ने रामकथा में कुछ नयी अन्तर्दृष्टियों का इज़ाफ़ा किया है। मसलन नीचे लिखी पंक्तियाँ देखिये-

पुल के निर्माण में दिन लग गये काफी लेकिन
पर समुन्दर पे कोई आँच नहीं आने दी
चाहते राम तो वो बान चला सकते थे
एक ही पल में समुन्दर को सुखा सकते थे
राम भगवान थे, ऐसे ही नहीं थे भगवान
जीव जन्तु को भी समझा था उन्होंने इंसान

आदमीयत से उन्हें प्रीत बहोत ज्यादा थी
जो किया राम ने वो राम की मर्यादा थी

शकील आजमी ने इन पंक्तियों में राम की मर्यादा को थोड़ा-सा खोल कर सामने रखा है। वे कह रहे हैं कि राम मर्यादा पुरुषोत्तम इसलिए हैं क्योंकि वे 'जीव जन्तु को भी इंसान समझते थे। ऐसा नहीं कि यह बात दूसरी रामायणों में आयी न हो, लेकिन ऊपर की पंक्तियों में यह बात जिस तरह से साफ होकर उमरती है, वह अपने आप में रामकथा में आजमी साहब का योगदान कहा जायेगा। इसी तरह एक जगह वे लिखते हैं –

राम बैठे हैं समुन्दर पे तपस्या करने
कुछ न खाते हैं न पीते हैं फ़क़त ध्यान में हैं
रास्ता कोई निकल आने के अनुमान में है

यहाँ भी 'अनुमान' शब्द का प्रयोग बिल्कुल नया है। एक और जगह शकील आज़मी ने धर्म को नयी तरह से देखने की कोशिश की है।

धर्म की राह कठिन थी पहले
धर्म पर चलने का मतलब था कि सच्चे रहिए
उम्र बढ़ जाए चाहे जितनी भी
आप पूरी तरह बच्चे रहिए

यहाँ शकील आज़मी धर्म का उत्स प्रकृति में देख रहे हैं। इन पंक्तियों में 'बच्चे' को धर्म से जोड़ कर देखा गया है। बच्चे में धर्म उसी रूप में होता है जिस रूप में वह पैदा हुआ था। यह धर्म वह नहीं जो वो अपने माता-पिता या व्यापक समाज से सीखता है, यह वह धर्म है जो उसके भीतर प्रकृति की तरह प्रकाशित होता है।

रामकथा के पूरे हो जाने पर भी जंगल बचा रहता है, वही जंगल जिसमें रामकथा का बड़ा हिस्सा घटा था। बनवास को इस संग्रह में दो अर्थों में लिया गया है। पहला सीधा-सादा अर्थ वन को राम कथा के वास की तरह लेना है। दूसरा अर्थ वन का अपना होना है, वन का अपना वास। वन पृथ्वी पर भी है, भाषा में भी, कभी रूपक की तरह और कभी लक्षणा की मानिन्द। यह इस संग्रह का दूसरा हिस्सा है। इसमें शकील जंगल के होने और उनके विस्तार को तरह-तरह से आलोकित करते हैं।

तुझमें कैसा सन्नाटा है, रात गए क्युँ बोले जंगल
सारी दुनिया सोई हुई है तू भी थोड़ा सो ले जंगल

तेरे भी कुछ पेड़ गिरे हैं मुझसे भी कोई बिछड़ा है
मैं भी हूँ तेरे ही जैसा मुझसे मिलके रो ले जंगल

'बनवास' के इस वन में सिर्फ़ रूपक और लक्षणाएँ भर नहीं, जीते जागते तरह-तरह के पेड़ भी हैं।

जल जाए या कट जाए
मोच पड़े सूजन आ जाए
फोड़ा हो या फुनसी हो
चेचक हो या खुजली हो
चाहे पेट में कीड़ा हो
या कोई भी पीड़ा हो
ये जो कड़वा नीम है
यही तो सबका हकीम है

(नीम)

गर्मी की दोपहरी में
तेज़ हवा की संगत में
अपने ही पुरखों का लिक्खा
कोई गाना गाते हैं

(बाँस)

इस संग्रह में तरह-तरह से वन की उपस्थिति है। यहाँ मनुष्य और प्रकृति के अनेक स्तरीय रिश्तों को तरह-तरह से देखने की कोशिश है। यह पन्नों पर जंगल ही है, जो अपने सम्भावित पाठकों की राह देख रहा है।

– उदयन वाजपेयी

अनुक्रम

नज़्में

ग़ज़लें

नज़्में

बनवास

दर्द बनवास में होता है बहोत
अपने लोगों से बिछड़ जाने का
अपनी मिट्टी से उखड़ जाने का
अपने ही घर से उजड़ जाने का
दिल अकेले में बिना बोले ही
छुपके एहसास में रोता है बहोत
दर्द बनवास में होता है बहोत

भरत

और फिर यूँ हुआ दशरथ न रहे दुनिया में
फिर से इक बार हुआ राज सिंहासन ख़ाली
और फिर लगने लगी पूरी अयोध्या वीरान
राम जंगल में थे बनवास के वरदान के साथ
सीता, लछमन भी थे जंगल में श्री राम के साथ
शत्रुघन और भरत पहले से ननिहाल में थे
राज संकट में था, दरबारी बुरे हाल में थे
रानियों में थी अलग जंग, अलग खेल शुरू
राज के हाल पे चिन्तित थे बहोत राजगुरु
फिर गुरुदेव की बैठक में ये तय पाया गया
कैकई पुत्रों को ननिहाल से बुलवाया गया
जब भरत आए महल में तो बहोत टूट गए
राम-लछमन को न पाए तो बहोत टूट गए
माँ के माँगे हुए वरदान से आघात लगा
उनको आज अपने ही सम्मान से आघात लगा
ऐसा आघात कि फिर टूट के रोए थे भरत
राम के दर्द में उस रात न सोए थे भरत
और फिर राजतिलक करने से इन्कार किया
राजगद्दी के लिए राम को हक़दार किया
फिर भरत घर से चले राम को लाने के लिए
दिल पे जो दाग़ लगा उसको मिटाने के लिए
हाथ माँओं ने भी फैलाया था जंगल की तरफ़

पूरा कुनबा ही निकल आया था जंगल की तरफ़
राम से मिलके भरत ने कहा अब घर चलिए
माँ के माँगे हुए वरदान से बाहर चलिए
हाथ जोड़े थे भरत ने बड़ी मिन्नत की थी
राम से लगके गले ख़ूब मोहब्बत की थी
फूल इक शाख़ पे महके थे वहीं खिलके बहोत
राम भी रोए थे भाई से गले मिलके बहोत
भाई से भाई का ये प्यार था जंगल में मिसाल
पर कहीं राम के भीतर था वचन का भी ख़याल
लौटकर जा न सके मन में इरादा कर के
राम मजबूर थे बनवास का वादा कर के
बात जब बन न सकी पार न कश्ती लागी
तो भरत ने बड़े भैया से खड़ाऊँ माँगी
उस खड़ाऊँ को भरत सर पे उठाकर लाए
राम की याद को सीने में बसाकर लाए
भाई के ग़म में सिंहासन पे न बैठे थे भरत
राजगद्दी पे खड़ाऊँ को ही रक्खे थे भरत
राम के वास्ते रहते थे भरत इतने उदास
इस उदासी में न पहना कभी राजा का लिबास
कोई क़िस्सा हो तो ले आओ गवाही के लिए
ऐसा बलिदान दिया किसने है भाई के लिए

उर्मिला

राम को जो मिला बनवास ग़लत था, लेकिन
कोई राजा कभी मजबूर भी हो सकता है
ज़िद पे अड़ जाए जो रूठी हुई सौतेली माँ
बाप बेटे से बहोत दूर भी हो सकता है
ये जो बनवास था ये खेल हुकूमत का था
और इस खेल में हर दाँव सियासत का था
मुल्क जल जाते हैं कितने ही सियासत के लिए
क़त्ल हो जाते हैं अपनों के हुकूमत के लिए
घर से जंगल को चले राम जो दुनिया को समेट
उर्मिला को भी चढ़ाया गया बनवास की भेंट
सिर्फ़ पत्नी ही नहीं ख़ुद को भी कुर्बान किया
छोटे लछमन ने बड़े राम पे एहसान किया
राम राजा भी थे, इन्सान भी, भगवान भी थे
उर्मिला के वो मगर भाव से अनजान भी थे
रूह जंगल में थी और जिस्म महल के अन्दर
वो भी रहते हुए पत्थर में हुई थी पत्थर
दूर रहना पड़ा लछमन से उसे चौदह बरस
वो महल उसके लिए ऐसा था, जैसे कि क़फस
उर्मिला बेदिल-ओ-बेजान थी लछमन के बग़ैर
जैसे सिंघार हो कोई किसी दर्पन के बग़ैर
दर्द उसका कभी दीवार से निकला ही नहीं
उसमें जो मोम था वो धूप में पिघला ही नहीं

ऐसी ख़ामोशी जो आवाज़ न बनने पाई
वो थी इक राज़ जो हमराज़ न बनने पाई
एक चिंगारी बिना भड़के हुई राख में राख
उसके अश्कों से न भीगी कभी इतिहास की आँख
ऐसा किरदार कि जिसका कोई क़िस्सा भी नहीं
उर्मिला राम के बनवास का हिस्सा भी नहीं

मर्यादा पुरुषोत्तम

बाप के एक वचन की ख़ातिर
जो महल छोड़के जंगल में रहे चौदह बरस
राम थे ऐसे बेटे
लाख समझाने मनाने पे भी जो राजसिंहासन तज दे
एक वरदान की मर्यादा में
अपने भाई को विदा कर दे खड़ाऊँ देकर
और जंगल में चले नंगे पाँव
राम का धर्म था वो
जिसका इक तीर समुन्दर को सुखा सकता हो
वो समुन्दर पे कोई आँच तक आने न दे
ख़ुद ही तकलीफ़ सहे
और महीनों रुककर
पार उतरने के लिए पुल बाँधे
राम में शक्ति थी वो
राम में धीरज था वो
राजा होते हुए सुख भोगे नहीं राजा का
जो सदा ध्यान रखे प्रजा का
राम थे ऐसे राजा
घर से परिवार तलक
ज़िन्दगी के सभी छोटे बड़े किरदार तलक
सब को इक धागे में मोती सा पिरोकर रक्खा
फूल के साथ जो दुनिया ने उन्हें काँटे दिए

उनको भी प्यार से सीने में संजोकर रक्खा
जानवर हों कि परिन्दे हों कि हो पेड़ कोई
राम ने सबको मोहब्बत की नज़र से देखा
जीव की शक्ल बदलती रही जंगल में मगर
राम ने अपनी तरह सबको ही इन्सां समझा
राम हैं एक विचार
राम हैं एक ख़याल
राम हैं एक सफ़र
राम हैं एक मिसाल
आदमीयत की मिसाल ऐसी बहोत कम होगी
राम को दिल से जो सोचो तो पलक नम होगी
जो है पुरुषोत्तम इन्सानों में उस नाम की जय
याद जब आएँ तो सौ बार करो राम की जय

अहिल्या

राम तुम क्युँ मुझे छूकर गुज़रे
तोड़कर क्युँ मुझे पत्थर से निकाला तुमने
मूर्ति ही मुझे रहने देते
मूर्ति होती तो शायद मिरी पूजा होती
औरतें देवियाँ मरकर ही बना करती हैं
ज़िन्दा औरत तो फ़क़त रूप है
जैसे मैं हूँ
ज़िन्दा औरत तो फ़क़त जिस्म है
जैसे मैं हूँ
मुझको इस जिस्म से इस रूप से आज़ाद करो
ऐसी दुनिया में मिरी रूह को आबाद करो
जिसमें घूरें न किसी इंद्र की आँखें मुझको
जिसमें फिरसे कोई गौतम मुझे शापित न करे
मेरी मर्ज़ी के बिना मुझपे हुकूमत न करे
फिर कोई मर्द मुझे देवी से औरत न करे

केवट

राम जी आप मिरी नाव को स्पर्श न दें
आपको लेके मैं उस पार नहीं जाऊँगा
नाव में लकड़ी है, लोहा भी है, पत्थर भी है
आपके छूने से औरत न कहीं बन जाए
रोज़ी रोटी का यही एक ही साधन है मिरा
चलता फिरता हुआ इक पुल है यही दरिया पर
गाँव से गाँव का इक जोड़ है सदियों से यहाँ
लोग घबराए हुए रहते हैं नदियों से यहाँ
ये नदी जान बहोत लेती है बरसातों में
चैन की नींद कोई सोता नहीं रातों में
वक़्त रुक जाएगा ये जोड़ अगर छूट गया
लोग मर जाएँगे ये पुल भी अगर टूट गया
राम फिर राम थे तदबीर निकल ही आई
राम की बात ने मल्लाह का दिल फेर दिया
इस चमत्कार पे ख़ुश होके बहोत झूमा गगन
और फिर राम के मल्लाह ने धोए थे चरन
फिर वही नाव उन्हें लेके चली मौजों पर
नाव उस पार गई और सलामत भी रही
पाठ मानवता का मल्लाह को समझाया था
राम ने अपने बराबर उसे बैठाया था

सूर्पनखा

ख़ूबसूरती
औरत का
हर बार साथ नहीं देती
इस ख़न्जर से
कभी कभी
वो ख़ुद ही कट जाती है

लछमन

भाभी माँ भी होती है
लेकिन फिर भी
पाँव सिवा कुछ भी न देखा सीता में
मेघनाद ने ब्रह्मास्त्र जब लछमन के ऊपर मारा था
लछमन बिलकुल डरे नहीं थे
जगह से अपनी हटे नहीं थे
हाथ जोड़कर लछमन ने सम्मान किया था ब्रह्मास्त्र का
तीर ने ख़ुद ही अपना रस्ता काट लिया था
इक इन्सान में
आदर भी हो बल भी हो
क्रोध भी हो धीरज भी हो
ऐसा कम ही होता है
लेकिन लछमन ऐसे ही थे
लछमन क्या थे
राम का ही इक हिस्सा थे
दोनों मिलकर रामायन का क़िस्सा थे
कहने को तो राम के छोटे भाई थे
लेकिन सच में राम की वो परछाईं थे
सीता के स्वयंवर से बनवास तलक
राम की इक इक साँस तलक
लछमन राम का साया बनकर चलते थे

राम के हर आराम से खाने पीने तक
इच्छा और सुरक्षा तक
छोटी बड़ी ज़रूरत तक
सब चीज़ों का ध्यान रखा था लछमन ने
लछमन राम के सबसे अच्छे सेवक थे
लछमन राम के सबसे सच्चे सेवक थे

लछमन रेखा

खेल रावन का था मारीच बना था मोहरा
भेस उस मोहरे का सोने के हिरन जैसा था
उसकी सुन्दरता पे मोहित थीं बहोत सीता जी
उनको हर हाल में सोने का हिरन चाहिए था
राम मजबूर हुए सीता की ज़िद के आगे
और फिर सीता को लछमन के हवाले करके
राम निकले उसी सोने के हिरन की ख़ातिर
हाथ में तीर लिए और निशाना बाँधे
दौड़ते भागते सोने के हिरन के पीछे
वो बहोत दूर, बहोत दूर निकल आए थे
इसमें भी चाल थी रावन के उसी मोहरे की
चलते चलते मगर इक तीर निशाने पे लगा
अपने ही रूप में फिर धरती पे मारीच गिरा
राम के लहजे में आवाज़ दी 'लछमन लछमन'
राम ने भाँप लिया दाल में कुछ काला है
छोड़कर उसको वो कुटिया की तरफ़ चल निकले
जब ये आवाज़ पड़ी कानों में सीता जी के
वो ये समझीं कि श्रीराम मुसीबत में हैं
और फिर सीता ने लछमन से कहा 'हे लछमन'
जाओ देखो ज़रा भैया हैं किसी संकट में
छोड़कर सीता को लछमन भला जाते कैसे
अपने भैया का वो आदेश भुलाते कैसे

इसलिए जाने से इनकार किया लछमन ने
और इनकार कई बार किया लछमन ने
उनके इनकार को डर मान लिया सीता ने
कहके कायर बड़ा अपमान किया सीता ने
अपनी कायरता के ताने को वो सह भी लेते
ज़िद पे सीता की मगर जाना पड़ा लछमन को
जाते-जाते मगर इक रक्षा की रेखा खींची
मान की, धर्म की, मर्यादा की रेखा खींची
और सीता को उसी रेखा में रहने को कहा
और फिर ढूँढ़ने भैया को उसी ओर बढ़े
जिस तरफ़ से उन्हें आवाज़ का अन्दाज़ा था
चाल फेंकी हुई रावन की न बेकार गई
लछमन उस ओर गए और इधर आया रावन
भेस भिक्षुक का था सीता न उसे जान सकीं
उसके अन्दर छुपे रावन को न पहचान सकीं
भीक देने के लिए द्वार पे आईं सीता
पास क़दमों के ही सीता के थी लछमन रेखा
सीता आगे न बढ़ीं जब तो कहा रावन ने
मैं हूँ भिक्षुक मिरा इस तर्ह न अपमान करो
भीक देनी है तो इस रेखा से बाहर आओ
पाप का, श्राप का, सीता पे वो झाँसा फेंका
इक नई चाल चली इक नया पाँसा फेंका
सीता घबराई हुई तोड़के लछमन रेखा
हाथ में भीक लिए द्वार से बाहर निकलीं
लौटकर आए नहीं राम, न पहुँचे लछमन
लेके सीता को निकल भागा वहाँ से रावन
ज़िन्दगी में है बड़े काम की लछमन रेखा
आज भी हमको दिखा देती है दर्पन रेखा

जटायू

पुकारा राम को 'हे राम' कहके सीता ने
तो आसमान तलक पंचवटी गूँज उठी
हवा के रथ पे थीं रावन के साथ माताश्री
अभी-अभी तो हुआ अपहरन था मैया का
जटायू दोस्त थे दशरथ के, राम पुत्र समान
बहू के जैसी थीं सीता जटायू की ख़ातिर
जटायू बूढ़े थे रावन था शक्तिशाली बहोत
मगर ये वक़्त था शोलों में कूद पड़ने का
सो फिर जटायू ने सोचा न कुछ विचार किया
बदन में जितनी भी ताक़त थी सब इकट्ठा की
ज़मीं को चूमा अक़ीदत से और उड़ान भरी
पलक झपकते ही रावन के सर पे जा पहुँचे
जटायू चोंच से पन्जों से हमला करते रहे
ज़रा सी देर में रावन लहूलुहान हुआ
चला न ज़ोर तो तलवार खींची रावन ने
और एक पंख जटायू का उसने काट दिया
अब एक पर के सहारे ही उड़ रहे थे वो
बहोत ज़रूरी था लड़ना सो लड़ रहे थे वो
लड़ाई चलती रही, चलती रही, चलती रही
फ़ज़ा में उभरा था फिर एक ऐसा मन्ज़र भी
बिखर गया था जटायू का दूसरा पर भी
तमाम क़द्रें अमर हो रही थीं बिखरन में

कोई फ़क़ीर था जैसे परों की कतरन में
लहू से अपने बनाता हुआ वफ़ा की लकीर
गिरा ज़मीं पे जटायू का छिन्न भिन्न शरीर
ज़मीं पे गिरके जटायू ने मेह्रबां की तरफ़
उदास आँखों से देखा था आसमां की तरफ़

शबरी

अपने भगवान की भक्ति में समाई हुई थी
प्रेम ऐसा था कि ख़ुद से भी पराई हुई थी
नाम शबरी था मगर नाम भी बिसराई हुई थी
इंतेज़ारी थी कुछ ऐसी कि वो इतराई हुई थी
दिन गुज़रते गए पर आस न टूटी उसकी
उसके क़दमों से लगी राह न छूटी उसकी
अपनी पलकों को अक़ीदत से बिछाती ही रही
राम के रस्ते में वो फूल सजाती ही रही
राम आएँगे ये एहसास बहोत था उसको
अपने भगवान पे विश्वास बहोत था उसको
दूर पर्बत पे कहीं काली घटा छाई थी
दिल में जो आग थी आँखों में उतर आई थी
आँख में शबरी के आँसू जो पिघल कर आए
राम भीगे हुए बादल से निकलकर आए
जिस तरह चाँद सितारों में चला करता है
राम यूँ बिखरे हुए फूलों पे चलकर आए
राम को पाके हुई ऐसी दिवानी शबरी
बन गई दुनिया में इक प्रेम कहानी शबरी
प्रेम भी ऐसा कि बहता हुआ जल हो जैसे
और उस जल में खिला कोई कँवल हो जैसे
राम के वास्ते शबरी ने चुने मीठे बेर
और उन बेरों को चख चख के तसल्ली भी की

ताकि उन बेरों में इक बेर भी फीका न रहे
राम थोड़ा सा भी संकोच न मन में लाए
बेर जूठे थे मगर ख़ूब मज़े से खाए
प्रेम में, भक्ति में, मुक्ति का सफ़र होना था
राम से शबरी के रिश्ते को अमर होना था

सुग्रीव

ऋष्यमूक पर्बत अड्डा था बेकारी का
उस अड्डे की बेकारी में
छुपी हुई थी इक शक्ति
इक ऐसी शक्ति जिसमें
इक पुल भी था
इक खोज भी थी
इक जंग भी थी
पुल जो समुन्दर पर बनना था
खोज जो सीता की करनी थी
जंग जो रावन से लड़नी थी
इक मज़बूत दोस्ती की बुनियाद भी थी
जो राम से थी
राम आए तो कितने मक़सद ले आए
इक अपमानित शख़्स को अपने सब खोए सम्मान मिले
मर्यादा पुरुषोत्तम के रूप में इक भगवान मिले

बाली

छः महीने के बाद बाली ने
ख़ुद ही खोला गुफा के फाटक को
अपने होने का फिर एलान किया
राक्षस को लहू में नहला कर
क्या पता कब कोई वापस आ जाय
इसलिए मौत का मातम न करो

जामवंत

तुम हनुमान हो
तुम ज्ञानी हो
तुम सबसे शक्तिशाली हो
अपनी शक्ति को पहचानो
तुम कुछ भी कर सकते हो
लील गए थे सूरज को तुम बचपन में
जामवंत ने इक दिन याद दिलाया था
हनुमान को अपने आप से मिलवाया था

पवनपुत्र

तलाश जारी है सीता की सब दिशाओं में
इशारे जितने मिले हैं सभी हैं दक्खिन के
जिधर ज़मीन पे फैला हुआ समुन्दर है
समुन्दर ऐसा कि जिसका कोई किनारा नहीं
समुन्दर ऐसा कि पानी है सिर्फ़ पानी है
ये पानियों का सफ़र किस तरह से तय होगा
लखन हों, राम हों, सुग्रीव हों कि अंगद हों
सभी विचार में गुम हैं सभी परेशां हैं
मगर दिमाग़ में हनुमान के कुछ और ही है
हवाएँ कहती हैं आओ हमारे साथ चलो
हमारे पास पता है तुम्हारी सीता का
घटाएँ कहती हैं आओ हमारे साथ चलो
हमारे पास है चेहरा तुम्हारी सीता का
वो थोड़ी देर खड़े होके यूँ ही तकते हैं
बिगड़ते बनते हुए बादलों के चेहरों को
उन्हीं में था कोई इक चेहरा जैसे सीता का
अभी अभी जो बना और बनके बिगड़ा था
उस एक पल में हनुमान को ये लगता है
कि जैसे फूट पड़े हों बदन में पर उनके
कि जैसे उड़ने का मन हो रहा हो अन्दर से

वो आँख मूँद के धरती से पग उठाते हैं
फिर उसके बाद घटाओं में ख़ुद को पाते हैं
हवा के बेटे से बादल कलाम करता है
उठाके हाथ समुन्दर सलाम करता है

अशोक वाटिका

अशोक वाटिका महकी हुई है फूलों से
कई दरख़्तों की शाख़ों पे फल लदे हुए हैं
फ़ज़ा में सुर है मिला ख़ुशनुमा परिन्दों का
चमकती धूप है पेड़ों पे और पेड़ों तले
बिछी हुई है ज़मीनों पे छाँव की चादर
और एक पेड़ के नीचे वहीं पे सीता जी
उदास बैठी हुई हैं त्रिजटा के साथ
त्रिजटा उन्हें समझा रही है बातों से
उसी दरख़्त पे चुपचाप बैठकर हनुमान
बड़े ही ध्यान से दोनों की बात सुनते हैं
वहीं से छुप के गिराते हैं एक अँगूठी
ये वो अँगूठी है जो राम की निशानी है
इसी निशानी में इक प्यार की कहानी है
अँगूठी देखके ख़ुश हो रही हैं सीताजी
उन्हें ये लगता है जैसे यहीं कहीं हैं राम
हक़ीक़तें हैं मगर ख़्वाब के जज़ीरों में
कभी भरम कभी विश्वास की लकीरों में
कभी यक़ीनी कभी बेयक़ीनी की सूरत
उभरते मिटते हैं चेहरे पे उनके भाव कई
पिघलने लगते हैं आँखों में मन के घाव कई
वो सारे भाव लिए अपनी आँख में हनुमान

बहोत सँभाल के उस पेड़ से उतरते हैं
अदब से करते हैं प्रनाम सीता माता को
और अपने बारे में सबकुछ उन्हें बताते हैं
बताते हैं कि श्रीराम का मैं सेवक हूँ
उन्हीं के कहने पे आया हूँ आपको लेने
मगर न लाँघ सकीं सीता अपनी मर्यादा
सवाल सबसे बड़ा ख़ुद के एहतेराम का था
उन्हें किसी का नहीं इन्तेज़ार राम का था

त्रिजटा

वो राक्षसी थी मगर उसमें आदमीयत थी
किसी का ज़ख़्म न महका था उसके नाख़ुन में
किसी की जान न निकली थी उसके पंजों में
न उसके दाँतों में रेशे किसी के गोश्त के थे
गले में उसके न माला थी हड्डियों की कोई
ख़याल रक्खा था लंका में उसने सीता का
बदन में उसके बड़ी नेक आत्मा थी कोई
कमाल ये है कि सीता ने माँ कहा था उसे
वो राक्षसी थी मगर उसमें आदमीयत थी
इसीलिए उसे इन्सान से मोहब्बत थी

विभीषन

धर्म की राह कठिन थी पहले
धर्म पर चलने का मतलब था कि सच्चे रहिए
उम्र बढ़ जाए चाहे जितनी भी
आप पूरी तरह बच्चे रहिए
ज़िन्दगी जितनी मिली है, सारी
बीतनी चाहिए ईमान के साथ
ऐसा ही धर्म था विभीषन का
वो जो रावन के छोटे भाई थे
धर्म के नाम पे अपमान सहे
दरबदर कर दिया मुजरिम की तरह रावन ने
जुर्म ये था कि वो आईना दिखा देते थे
और डर लगता था रावन को उस आईने से
जुर्म ये था कि बताते थे वो सच्चाई की राह
जिसपे चलना कभी आया ही नहीं रावन को
जुर्म ये था कि उन्हें राम भले लगते थे
जुर्म ये था कि उन्हें सीता से हमदर्दी थी
जुर्म ये था कि ग़लत कहते थे अपनों को वो
और उन्हीं अपनों के मरने पे वो रोते भी थे
मौत रावन की हुई थी जिस दिन
आख़िरी बार वो तब रोए थे
दिल में जितना भी था उनके आँसू
आख़िरी बार वो सब रोए थे

पानी पे रास्ता

राम बैठे हैं समुन्दर पे तपस्या करने
कुछ न खाते हैं न पीते हैं फ़क़त ध्यान में हैं
रास्ता कोई निकल आने के अनुमान में हैं
सीता लंका में हैं रावन की नज़रबन्दी में
राम को जाना है उस पार बहोत जल्दी में
तीन दिन बीत गए राम को बिनती करते
पर समुन्दर में किसी राह का दर्शन न हुआ
राम हैं क्रोध में, आवेश में, अपमान के साथ
अब किनारे पे खड़े हैं वो धनुष बान के साथ
बान ऐसा कि अगर छूटे तो प्रलय आ जाय
जानवर, मछलियाँ पानी के बिना मर जाएँ
सूखकर ख़त्म ही हो जाए समुन्दर का वजूद
बान चलने में न चलने में समय था जितना
बस उसी पल में समुन्दर हुआ प्रकट आख़िर
जोड़कर हाथ हुआ राम के आगे हाज़िर
क्या है आदेश कहें, उसने कहा 'हे प्रभु'
और फिर देर से आने की क्षमा भी माँगी
इल्तेजा की कि धनुष बान को वापस रख दें
आपका काम हो और मान रहे मेरा भी
बात बिगड़ी थी मगर क्रोध में उलझाई नहीं
इल्तेजा उसकी श्रीराम ने ठुकराई नहीं

राम की बात सुनी सुनके समुन्दर ने कहा
आप बस लाके मिरी पीठ पे पत्थर रख दें
रास्ता बनता हुआ ख़ुद ही चला जाएगा
राम के हुक्म पे होने लगा पुल का निर्माण
काम पर लग गई सुग्रीव की वानरसेना
पुल बनाया गया नल, नील की अगुवाई में
ये चमत्कार हुआ पानी की गहराई में
पुल के निर्माण में दिन लग गए काफ़ी लेकिन
पर समुन्दर पे कोई आँच नहीं आने दी
चाहते राम तो वो बान चला सकते थे
एक ही पल में समुन्दर को सुखा सकते थे
राम भगवान थे, ऐसे ही नहीं थे भगवान
जीव जंतु को भी समझा था उन्होंने इन्सान
आदमीयत से उन्हें प्रीत बहोत ज़्यादा थी
जो किया राम ने वो राम की मर्यादा थी

लंकादहन

गुरुर
होता है
जंगल की आग के जैसा
इक ऐसी आग
जो दहशत में डाल देती है
मगर गुरुर हर इक बार भूल जाता है
कि आग कैसी भी हो उसको राख होना है

अंगद

दूत अंगद को बनाकर इक दिन
राम ने भेजा था रावन के यहाँ
शांति से भरी चिट्ठी लेकर
जिसमें लिक्खा था कि हम जंग नहीं चाहते हैं
इस हरी धरती पे इन्सानों का
हम लहू रंग नहीं चाहते हैं
हम चले जाएँगे सेना लेकर
सिर्फ़ सीता हमें वापस कर दो
शांति के लिए तैयार कहाँ था रावन
और फिर आग था
शोला था
धुआँ था रावन

मन्दोदरी

कभी कहा था ये मन्दोदरी ने रावन से
मैं चाहती हूँ कि लंका में कोई युद्ध न हो
किसी की जान न जाए किसी का ख़ून न हो
मैं जानती हूँ बड़ी शक्तियाँ हैं तुममें मगर
हुआ जो युद्ध तो तुम युद्ध हार जाओगे
तुम्हारी सेना के अन्दर भी योद्धा हैं बहोत
मगर न राम की सेना से जीत पाओगे
मगर गुरूर अहंकार से भरा रावन
न अपनी रानी की बातें समझ सका रावन
उसे पता था कि रावन ग़लत, सही हैं राम
दिखाई देने लगी थी उसे धुएँ की शाम
उठा के सीता को ले आने के ख़िलाफ़ थी वो
सियाह लोगों में रहकर भी कितनी साफ़ थी वो

कुम्भकरन

तुमको क्या है
तुम सो जाओ
दूर देस के सपने देखो
अपने देस में क्या होता है
क्या चलता है
तुमको इससे क्या मतलब
बीमारी है तो रहने दो
युद्ध अगर है तो होने दो
मरता कौन है
जीता कौन है
तुमको क्या
नींद तुम्हारी जब टूटेगी
तब उठना और लड़ लेना
जब हम सब मर जाएँगे

मेघनाद

इक चढ़ता सूरज था
जिस पर
काले बादल का साया था
उसकी किरनें बादल में सूराख़ बनाकर
जहाँ जहाँ धरती पर पड़तीं
धरती जल जाया करती थी
पर्बत हिल जाया करते थे
बड़े बड़े लड़ने वाले उसकी शक्ति से डरते थे
इक ऐसा तेवर था उसमें
जो बस उसमें ही दिखता था
घमन्ड बुरा लगता है फिर भी
उसके चेहरे पर सजता था
लेकिन उसकी कच्ची उम्र का कच्चापन
हर पक्के में कुछ कच्चा था
अच्छा था कि वो बच्चा था
वरना जाने क्या होता

संकटमोचन

शक्ति मारी गई है लछमन को
साँस सीने में रुकके चलती है
ज़ख़्म गहरा है और बड़ा भी है
राम बेचैन हैं परेशां हैं
क्या करें कुछ समझ में आता नहीं
पूरी सेना उदास बैठी है
फिर विभीषन उन्हें बताते हैं
अपनी लंका के राजवैद्य का नाम
राम का इक इशारा होता है
और हनुमान उड़ के जाते हैं
वैद्य को घर समेत लाते हैं
जान अटकी हुई है लछमन की
नब्ज़ पर हाथ वैद्य रखता है
और फिर राम से ये कहता है
इक जड़ी बूटी है हिमाला पर
नाम संजीवनी है बूटी का
वो अगर सुब्ह से पहले मिल जाय
तो ये मुमकिन है जान बच जाए
दूसरा और कोई चारा नहीं
पर ये संजीवनी हिमाला से
रात ही रात कौन लाएगा

बोले हनुमान ये खड़े होकर
मैं जड़ी बूटी लेके आऊँगा
उसका हुलिया मुझे बताया जाय
वैद्य ने रंग रूप बतलाया
और बतलाया उसके बारे में
उसमें इक रौशनी भी होती है
रात में जो बहोत चमकती है
राम के आगे सर झुकाते हुए
पहले हनुमान ने एजाज़त ली
और फिर उड़ चले हिमाला को
उड़ के आख़िर हिमाला पर्बत पर
रात ही में पहुँच गए हनुमान
राक्षस भी वहाँ थे रावन के
जिनसे हनुमान ने लड़ाई की
और लड़ाई में मार डाला उन्हें
और फिर पहुँचे उस जगह हनुमान
जिस जगह बूटियों का झुरमुट था
सिर्फ़ संजीवनी नहीं थी वहाँ
और भी मिलते जुलते पौदे थे
देखकर इतनी बूटियाँ हनुमान
सोच में पड़ गए, हुए हैरान
जब समझ में न उनकी कुछ आया
अपने साहस से अपनी शक्ति से
पूरी चोटी उठा ली हाथों में
और फिर से नई उड़ान भरी
दिल में कुछ था तो ग़म था लछमन का
और आँसू भरे थे आँखों में
वो जिन्हें पोंछ भी न सकते थे

बोझ जितना था उनपे पर्बत का
रात उससे भी ज़्यादा भारी थी
और ये यात्रा भी जारी थी
ज़ेह्न पे उनके चढ़ रही थी रात
सुब्ह की ओर बढ़ रही थी रात
इससे पहले कि रात ढल जाती
इससे पहले कि सुब्ह हो जाती
लेके बूटी पहुँच गए हनुमान
फिर से लछमन में पड़ गई थी जान
और फिर ठीक हो गए लछमन
मिट गई राम की सभी उलझन
राम के भक्त हैं बहोत लेकिन
पर हनुमान हैं संकटमोचन

सुषेन

सुषेन नाम है
लंका का राजवैद्य हूँ मैं
ज़रीआ मैं ही हूँ लछमन की जां बचाने का
अगर मैं चाहता लछमन को ज़ह्र दे देता
दवा न देके भी लछमन को मार सकता था
मगर ये रीत सदा से है मेरे कुनबे की
कोई विधर्मी हो
दुश्मन हो
या कुजात कोई
हमारा धर्म तो सबका इलाज करना है
न मैंने मारा न लछमन की जां बचाई थी
परम्परा थी मिरी मैंने जो निभाई थी

रावन

जिसने बलवान किया रावन को
देवताओं की तपस्या थी वो
इतनी आसानी से पा जाए ब्रह्मा को कोई
इतनी आसानी से शिव का कोई दर्शन कर ले
ऐसा संभव ही नहीं
ये तपस्या थी कई बरसों की
जिसमें धीरज भी था
भक्ति भी थी
शक्ति भी थी
शक्तियाँ इतनी बढ़ीं रावन की
कोई वैसा न रहा धरती पे शक्तिशाली
इस क़दर ज्ञान मिला रावन को
धर्म का
नीति का
संसार का
वैसा कोई ज्ञानी न रहा
ऐसा राजा था कि सोने की थी लंका उसकी
मातहत उसके थे दरबार में जितने थे वज़ीर
सारी सेनाओं से मज़बूत थी सेना उसकी
राक्षस उसके लिए युद्ध लड़ा करते थे
वो किसी से कभी हारा ही नहीं

शक्ति बढ़ने से अहंकार जन्म लेता है
ज्ञान ज़्यादा हो तो हो जाता है ज्ञानी पागल
साथ रावन के भी ऐसा ही हुआ
उसकी ख़ूबी से ख़राबी के भी पहलू निकले
उसकी अच्छाई बुराई की वजह बनती गई
वरना वो राम से लड़ता ही क्युँ
अपनी ताक़त पे अकड़ता ही क्युँ
रानियों ने उसे समझाया
वज़ीरों ने कहा
राम से युद्ध न छेड़ा जाए
इस लड़ाई की ज़रूरत ही नहीं
उनकी सीता उन्हें वापस कर दो
पर अहंकार में डूबा रावन
किसी समझौते पे तैयार न था
छेड़कर युद्ध किसी दुश्मन से
पीछे हटना उसे मंज़ूर न था
और फिर जंग हुई, जंग हुई, जंग हुई
जंग ने ख़ून से धरती पे गवाही लिख दी
राम के तीर ने रावन की तबाही लिख दी

अग्निपरीक्षा

मैं सीता हूँ
पति के साथ में
बनवास में रहना मुक़द्दर है मिरा
कोई रावन मिरी कुटिया में भिक्षुक बनके आए
धोका दे मुझको
उठा ले जाए मुझको मेरी दुनिया से
बिछड़ जाऊँ मैं अपनों से
बचाकर दुश्मनों से
धर्म भी
मर्यादा भी
ज़िन्दा रखूँ ख़ुद को
पराए देस में अपने पति का रास्ता देखूँ
कटे हर पल मिरा सदियों के जैसा
मिरे दुःख को समझने की किसी को क्या ज़रूरत है
भले मैं राम की पत्नी हूँ, लेकिन हूँ तो औरत ही
ये जो सम्मान है इससे मुझे नीचे उतारो
मुझे अग्निपरीक्षा से गुज़ारो

वापसी

और फिर ख़त्म हुए चौदह बरस
इक वचन पूरा हुआ
राम को एक ज़माने के बाद
मातृभूमि का बुलावा आया
उनके सीने में उतर आई अयोध्या पूरी
मन की आँखों में कई ख़्वाब जगे गीले से
और फिर पाँव मचलने लगे चलने के लिए
अपने बिछड़े हुए लोगों की तरफ़
इक नया रंग लिए चेहरे पर
राम कुटिया से अभी निकले हैं
अपनी यादों के महल की जानिब
सर झुकाए हुए ग़मगीन दरख़्त
चल पड़े राम के पीछे पीछे
रास्ते लेके उन्हें बाँहों में
उनकी मन्ज़िल की तरफ़ बढ़ते हैं
जानवर सारे क़तारों में खड़े रोते हैं
सायबानों की तरह सर पे उड़ा जाता है
धूप में छाँव बनाता हुआ चिड़ियों का हुजूम
नद्दियाँ तोड़ रही हैं साहिल
राम के पैरों को छूने के लिए
झरने गाते हैं अलविदाई गीत

और हवाओं में है ग़म का संगीत
राम जाते हुए ख़ुश भी हैं, दुखी भी हैं बहोत
उनका जंगल से जो रिश्ता है, अजब रिश्ता है
दिल में कुछ ऐसा है जो टूट रहा है जैसे
ऐसा लगता है कि कुछ छूट रहा है जैसे
राम मौजूद हैं हर ज़र्रे में बनके एहसास
अलविदा कहते हुए राम को जंगल है उदास

वाल्मीकि

वो डाकू थे
जाने कितनों को लूटा था
जाने कितनों को मारा था
जाने कितने पाप किए थे
दुःख पहुँचाया था कितनों को
ये भी उनको इल्म नहीं था
लेकिन एक ऋषि की बात ने
ऐसा उनका मन फेरा
लीन हुए वो एक तवील तपस्या में
मरा मरा के जाप में उनके कंठ से फूटा राम का नाम
और मिला फिर आशीर्वाद ब्रह्मा का
इक प्रेमी पंछी जोड़े के हिज्र की आह
उनकी रूह में कुछ ऐसे पैवस्त हुई
उनके अन्दर इक शायर का जन्म हुआ
ऐसा शायर
जो धरती का सबसे पहला शायर था
जिसने पहली रामायन की रचना की
सूखी मिट्टी कब आँसू से तर हो जाए
जंगल में कब घर हो जाए
डाकू कब साधू हो जाए
कब ऐसा जादू हो जाए
किसी को भी मालूम नहीं

अली बाबा कुल्हाड़ी मत चलाओ

अली बाबा!
कुल्हाड़ी मत चलाओ
अभी बाज़ार में लकड़ी बहोत है
अभी मरजीना की आँखें भरी हैं आँसुओं से
अभी इक लाश के टुकड़े तुम्हारे घर में रक्खे हैं
जिन्हें सिलवाना है तुमको
फिर उसके बाद चुपके से
कहीं दफ़नाना है तुमको
अली बाबा ज़रा ठहरो
कुल्हाड़ी मत चलाओ
तुम्हारे भाई का क़ातिल
ये जो चालीस चोरों का क़बीला है
अगर कुछ देर की ख़ातिर
इसे दुश्मन समझना छोड़ दो तुम
तो ये जो पेड़ जंगल में खड़े हैं
तुम्हें इन्सान की सूरत लगेंगे
कोई शायर
कोई सूफ़ी
कोई आलिम भी होगा
इन्हीं में कोई इक क़ासिम भी होगा

महाराना प्रताप

उठो राना!
अभी लड़ना है तुमको
तुम्हारे ज़ख़्म गहरे हैं
मगर तुम मर नहीं सकते
तुम्हारे जिस्म से बहता हुआ ये जो लहू है राजपूतों का
बड़ी हिम्मत है इसमें
बड़ी ताक़त है इसमें
तुम्हारे ख़ून की गर्मी पे सूरज नाज़ करता है
अभी तुम मर नहीं सकते
अभी तक़सीम करने हैं तुम्हें तमग़े सिपाही को शहादत के
तुम्हारे वास्ते जो जंग के मैदान में लड़ते हुए मारे गए हैं
अभी तो दफ़्न करनी है तुम्हें चेतक की मिट्टी भी
उठो राना तुम्हें मेवाड़ ने फिर से पुकारा है
तुम्हारे बाप दादा की रियासत पर अभी दुश्मन का क़ब्ज़ा है
तुम्हारे राजा होने के सभी हक़ छिन गए हैं
मगर तुम फिर भी राजा हो
ये रिश्ते कैसे टूटेंगे जो हैं माटी से माटी के
चुकाने हैं अभी कुछ क़र्ज़ तुमको हल्दी घाटी के
बहादुर क़ौम जब तक ज़िन्दा रहती है
कभी हारा नहीं करती
उठा कर जीत का परचम अभी मेवाड़ तक बढ़ना है तुमको
उठो राना अभी लड़ना है तुमको
उठो राना अभी लड़ना है तुमको

महावीर स्वामी

जानवरों के प्रानों से
इन्सानों की जानों तक
ख़ून से धरती लाल है
कैसा हिंसा काल है
हिंसा छोड़ो
प्रेम करो
इक ऐसा संसार बनाओ
जिसमें तुम भी चैन से जियो
औरों को भी जीने दो
दुनिया में जितने हैं सुख
जितने हैं मोह
सब बीमारी का कारन हैं
पाँव की चप्पल
पेट का भोजन
मन की इच्छा
तन का वस्त्र
सब माया है
इसी शरीर को पाने में
सजाने में
निभाने में
हम मर जाते हैं
जबकि जीवन शरीर नहीं है आत्मा है
आत्मा ही परमात्मा है

गौतम बुद्ध

जीवन क्या है
जीवन क्युँ है
जीवन का बीमारी से क्या रिश्ता है
बच्चा बूढ़ा क्युँ होता है
बूढ़ा मर क्युँ जाता है
मर जाता है तो पैदा ही क्युँ होता है
इन्सानों में और चीज़ों में क्या अन्तर है
चीज़ों के बनने में बिगड़ना
इन्सानों के जनम में मरना
क्युँ लिक्खा है
कौन है इनको लिखने वाला
आग है क्या
लेकिन उसमें भी तो राख है
वो कैसे हो सकती है
पानी है क्या
पानी भी कैसे होगा
धूप सुखा देती है उसको
आग जला देती है उसको
तो फिर शायद हवा ही हो
हवा भी कैसे हो सकती है
वो ख़ुद किसी के हाथ में है

कभी है पुरुआ
कभी है पछुआ
दिशा बदलती रहती है
चलते चलते रुक जाती है
तो क्या पत्थर हो सकता है
हाँ पत्थर शक्तिशाली है
लेकिन उसको भी पर्बत से
फेंक रहा है कोई नीचे
फेंकने वाला उससे भी शक्तिशाली है
पेड़ परिन्दे
कीड़े मकोड़े
सभी जानवर
सभी इन्सान
सबके साथ जनम मरन है
तो फिर कौन है
जो न जनमा जो न मरेगा
जो न बना है न बिगड़ेगा
उसी को ढूँढ़ो
उसी में ज्ञान है
वही है ज़िन्दा उसी में जान है
पर्बत से गिरने वाले पत्थर के टुकड़े
हाथों में लो और टकराओ
टकराने से रौशनी होगी
इसी रौशनी के रस्ते पे
आगे बढ़ो
अपना दीपक आप बनो

ख़ुदा

ख़ुदा रहता है पेड़ों में
ख़ुदा पौदे उगाता है
ख़ुदा मौसम बनाता है
ख़ुदा वीरान शाख़ों पर
नये पत्ते सजाता है
फिर उन पत्तों में
पत्तों सा
हवा में फड़फड़ाता है
ख़ुदा चिड़ियों के बच्चों की चहक है
ख़ुदा मासूम फूलों की महक है
ख़ुदा तितली का पर भी है
दरिन्दों का क़हर भी है
वो साँपों का ज़हर भी है
परिन्दे करते हैं तिनके इकट्ठा
ख़ुदा बुनता है उनके वास्ते इक आशियाना
ख़ुदा है धूप जैसा छाँव जैसा बादलों में
उसे कुछ रोज़ मैंने रहके देखा जंगलों में

कथा अनन्ता

बहोत बूढ़ा है ये जंगल
सदा–ए–कुन हुई थी जब
ये तब भी था
ज़मीं पर कुछ नहीं था जब
ये तब भी था
बहोत बूढ़ा है ये जंगल
ज़मीं कैसे बनी थी
पहाड़ों से ज़मीं का वज़्न और उसका तवाज़ुन
किस तरह क़ायम हुआ था
ज़मीं की तह में फैलाया गया था कैसे पानी को
ज़मीं के सर पे कैसे और कितने आसमां रक्खे गए थे
फिर उनमें चाँद सूरज और सितारे
किस तरह टाँके गए थे
इसे मालुम है सबकुछ
इसे मालुम है
कब आए थे
क्युँ आए थे आदम
सभी पैग़म्बरों को
वलियों को
पीरों फ़क़ीरों को
पुराने साधुओं को

सन्तों को
ऋषियों को मुनियों को
ये सबको जानता है
हमारे जाने कितने पुरखों के अच्छे बुरे
सब कामों से वाक़िफ़ है ये जंगल
बहोत क़िस्से हैं इसके पास
जिन्हें हम सुनके ज़िन्दा हैं

आवागमन

बहोत पुरानी है ये दुनिया
जबसे ये दुनिया है तब से
पेड़ भी हैं इन्सान भी हैं
पहले जो इन्सान यहाँ थे
पेड़ों से मिलते जुलते थे
एक थे दुःख भी, एक थे सुख भी, दोनों के
एक ही भाषा थी दोनों की
दिल की भाषा
जान की भाषा
आँसू और मुस्कान की भाषा
लफ़्ज़ नहीं थे इस भाषा में
इस भाषा में ख़ामोशी थी
ख़ामोशी में मानी थे
बिना लिखे ही बिना पढ़े ही
ये भाषा सबको आती थी
जंगल में बस्ती रहती थी
बस्ती में जंगल रहते थे
जाने कितनी सदियों से इस धरती पर इन्सान आते हैं
पेड़ उगते हैं
जाने कितने इन्सानों की रूहें पेड़ में रहती हैं
जाने कितने पेड़ हैं जो इन्सानों के अन्दर रहते हैं

कायनात का इक चक्कर है जो सदियों से जारी है
जाने कितनी सदियों से इस चक्कर में
दोनों साथ में चलते हैं
दोनों रूप बदलते हैं
दोनों जिस्म बदलते हैं
तुम भी कुछ दिन रहकर देखो जंगल में
पेड़ तुम्हें अपने से लगेंगे
या तुम पेड़ से हो जाओगे
फिर तुमसे भी पेड़ उगेगा
जब तुम इक दिन सो जाओगे

जंगल

मैं जंगल हूँ
सभी जानवर
सभी परिन्दे
सारी घासें
सारे पौदे
ऊँचे नीचे सभी दरख़्त
सब मेरा ही हिस्सा हैं
रोज़ाना सोने से पहले
मैं ख़ुदको गिनता रहता हूँ
हर गिनती में थोड़ा थोड़ा कम लगता हूँ
कटता हूँ
ज़ख़्मी होता हूँ
मर जाता हूँ
फिर भी मैं ज़िन्दा रहता हूँ
दरिया मुझको भीतर भीतर काट रहा है
मैं दरिया की मौजों के ऊपर बहता हूँ
मेरे अन्दर मैं ही सिर्फ़ नहीं रहता हूँ
पानी भी है आग भी है
हवा का मुझमें राग भी है
नाचूँ भी मैं गाऊँ भी मैं
छुपके अपने सन्नाटों में

चीख़ूँ भी चिल्लाऊँ भी मैं
रोता भी हूँ कभी कभी मैं
मेरे अन्दर दर्द भी है
रंग हरा है मेरा लेकिन
हरे के नीचे ज़र्द भी है

जंगल की दुनिया

हवाएँ बह रही हैं अपनी धुन में
परिन्दे घोंसलों में हैं मज़े से
कोई तिनका नहीं बिखरा
सभी अंडे, सभी बच्चे सुरक्षित हैं
दरख़्तों पर
दरख़्तों के तले भी
क़तारें चींटियों की चल रही हैं
गुलों से तितलियाँ लिपटी हुई हैं
सभी शाख़ें सभी पौदे ख़ुशी के गीत गाते हैं
ज़मीं का आसमां के साथ रिश्ता है
अभी जंगल में कोई देव रहता है

उत्सव

बनदेवी के इक मन्दिर में
पंडित पीपल ने पूजा की
और लगन मंडप में आकर
शादी के श्लोक पढ़े
दूल्हा और दुल्हन को बाँधा फेरों में
जंगल के बूढ़े बरगद ने
आशीर्वाद दिया दोनों को
दो पेड़ों की शादी थी
बाराती पेड़ों ने मिलकर बरसाए थे लाखों फूल
पूरा जंगल महक रहा था
चहक रहा था
सूरज शाख़ों और पत्तों में
आईने सा चमक रहा था
फ़ितरत अपना रूप निकाले सँवर रही थी
हवा की डोली धीरे धीरे गुज़र रही थी
एक हरे कच्चे रेशम में बंधे हुए थे दोनों पेड़
पहली फ़स्ल थी और फलों से लदे हुए थे दोनों पेड़

एक पेन्टिंग

एक बड़े से जंगल में
बहोत सी शाख़ें
बहोत से पत्ते
उन्हीं बहोत सी शाख़ों और पत्तों के बीच
कहीं पे इक छोटी सी तितली
उस तितली की आँख में भी
एक घनेरा जंगल था
कुदरत की उस पेन्टिंग में
और भी जाने क्या क्या था

दुआ

दरख़्त जैसे सुलग रहे हैं
हवाएँ सारी झुलस गई हैं
फ़ज़ा में फैला हुआ धुआँ है
सफ़ेद बादल के उड़ते टुकड़े
ग़िज़ाएँ सूरज की बन चुके हैं
गढ़ों में कीचड़ भरा हुआ है
नदी का पानी भी मर गया है
हरेक वादी जली हुई है
हरेक पर्बत तपा हुआ है
बदन पे साँपों के चींटियों का
हुजूम लिपटा हुआ पड़ा है
परिन्दे ग़ायब हैं घोंसलों से
ज़मीं पे बैठे हैं जानवर यूँ
कि जैसे लाशें धरी हुई हैं
बस एक चुप है
बस इक ख़मोशी
चली गई है जो आसमां तक
तमाम जंगल में सूखे पत्ते कराहते हैं
दुआएँ बारिश की माँगते हैं

इश्क़ रंग का जुब्बा पहने

सा रे गा मा पा धा नि सा
सा नि धा पा मा गा रे सा
इन्हीं सुरों में घुला हुआ था बारिश में संगीत कोई
पानी की भाषा में लिक्खा बूँद बूँद था गीत कोई
बिजली के मृदंग में
जलपरियों का रक़्स था
पानी के आईने में
सौ चाँदों का अक्स था
बूँद बूँद इस गीत को
पानी के संगीत को
गीली गीली आग में
मेघ मल्हार के राग में
सावन ने कम्पोज़ किया था
पत्तों की संगत में गाता
दिल का कोई तार बजाता
इश्क़ रंग का जुब्बा पहने
हवा का झोंका घूम रहा था
पूरा जंगल झूम रहा था

अमावस की रात

रात काली बहोत है
चाँद तारे कहीं खो गए हैं
पेड़ पौदों पे
पत्तों पे
फल फूल पे
रात ने कोयला मल दिया है
एक साया सा फिरता है चारों तरफ़
आबशारों में
झीलों में
दरियाओं में
पानियों की जगह जैसे डामर हो पिघला हुआ
रंग बिरंगे चमकते परिन्दों के पर
जैसे हों काली विद्या की परछाईं में
हर तरफ़ जाने क्युँ बेउजाला सा है
आज जंगल बहोत काला काला सा है

घोंसला

इक चिड़िया
कितने अरसे तक
एक एक करके
कितने तिनके चुनती है
तब जाकर एक आध घोंसला बनता है

तमाशा है बाक़ी

पहाड़ों से गिरता हुआ एक झरना
उसे ही पता है
कि कितने दिनों से
गिरे जा रहा है
बहे जा रहा है
ये झरना मुसलसल उधर बढ़ रहा है
जिधर पेड़ चुपचाप गुमसुम खड़े हैं
ज़मीं कट रही है
ज़मीं फट रही है
जड़ें सारे पेड़ों की गहराई तक खुल गई हैं
कि अब लेप तक उनपे मिट्टी का बाक़ी नहीं
इस क़दर धुल गई हैं
बस इक होने वाला धमाका है बाक़ी
तमाशा है बाक़ी

हौसला

इक घना पेड़ है
जिसके साये तले
एक छोटा सा नन्हा सा पौदा कोई
आसमां की तरफ़ सर उठाए हुए
पेड़ बनने की जैसे दुआ कर रहा है
अपने रब से कोई इल्तेजा कर रहा है

समाज

एक पेड़ से दूसरा पेड़
दूसरे पेड़ से तीसरा पेड़
जंगल के सारे ही पेड़
सब आपस में जुड़े हुए हैं
जड़ें, तने, शाख़ें और पत्ते
कुछ न कुछ सबका है सबमें
इसका फल उसकी डाली पर
उसका फूल है उस टहनी पर
धूप छाँव हवा और बारिश
आपस में सबकुछ साझा है
नाम अलग है नस्ल अलग है
लेकिन सब मिलकर रहते हैं
बड़ा पुराना रिवाज है जंगल
मोहब्बतों का समाज है जंगल

जंगल में शह्र

मेरे अन्दर सड़क बनेगी
सड़क के ऊपर ब्रिज बनेगा
ब्रिज के ऊपर ट्रेन चलेगी
चारों जानिब शोर मचेगा
ऐसे में फिर कौन बचेगा

सफ़र

मैं पहले पौदा बनता हूँ
मेरे मौसम मुझको पेड़ बनाते हैं
पेड़ से मैं फल बनता हूँ
फल से लकड़ी बनता हूँ
लकड़ी से कोयला बनता हूँ
कोयले से बनता हूँ राख
राख में भी ज़िन्दा रहती है
मेरी गीली गीली आँख

पुनर्जनम

टहनी से जो फूल ज़मीं पर गिरते हैं
शाख़ों से जो सूखे पत्ते झड़ते हैं
पौदे जो मुरझा जाते हैं
पेड़ जो गिरकर बस लकड़ी हो जाते हैं
जितने पंछी और जानवर मरते हैं
धीरे धीरे बेचेहरा हो जाते हैं
धूप, हवा, पानी खाते हैं
सड़ते हैं
गलते हैं
खादें बनते हैं
खादें बनकर मिट्टी में मिल जाते हैं
एक नया जंगल बनकर खिल जाते हैं

गिद्ध

उसके छोटे पेट के अन्दर
बड़ा सा इक श्मशान है
आधे पेट के गेट के ऊपर
लिक्खा क़ब्रिस्तान है
जंगल में मरने वाले
सारे जानवर
बिना किसी पंडित मुल्ला के
बिना किसी अंतिम क्रिया के
यहीं पे जलते
यहीं पे दफ़नाए जाते हैं

रद्द-ए-अमल

जंगल में इक शेर मरा है
जाने किसने मारा होगा
लेकिन उसके मरने से
पूरा जंगल दहशत में है

बहती नदी का पानी मीठा बहोत है लेकिन
इस पार है दरिन्दा, उस पार है दरिन्दा

तवाज़ुन

जंगल में
गर ज़ोरों की आँधी न आए
फल न टूटें
तो अपने ही फलों के बोझ से
सारी शाख़ें टूट पड़ें
पेड़ पुराने
धरती से गर न उखड़ें
तो नन्हें पौदों का दम ही घुट जाए
इनको ऊपर जाने का रस्ता न मिले
गर पेड़ों से नीचे गिरकर
पंछी के अंडे न टूटें
तो जंगल में पंछी ही पंछी हो जाएँ
अगर जानवर
इक दूजे को न मारें
तो जंगल की आबादी
बस्ती के अन्दर आ जाए
इन्सानों को खा जाए

तअल्लुक़

मौसम चाहे मुझको बदले
या मैं बदलूँ मौसम को
मौसम की हर तब्दीली से
मुतअस्सिर मैं ही होता हूँ
सर्दी
गर्मी
बारिश
आँधी
सब मुझको सहना पड़ता है
पतझड़ में तो बिन कपड़ों के
धूप में रहना पड़ता है
आसमान की छत को छूती
जीती मरती बेल हूँ मैं
हर मौसम का खेल हूँ मैं

जंगल का दुःख

आज बहुत ग़मगीन है जंगल
आज सड़क पर पेड़ गिरा है
और पेड़ के नीचे दबकर
इक इन्सान की मौत हुई है

जंगल को अन्दर आने दो

चिड़ियों की चहकार किसी की बेज़ारी का कारन हो
ऐसा कैसे हो सकता है
पसन्द न आए नाच मोर का
ख़रगोशों की उछल-कूद से वहशत हो
किसी हिरन की आँख देखके
महबूबा की याद न आए
ऐसा कैसे हो सकता है
गर सचमुच ऐसा ही है तो
तुम बीमार हो अन्दर से
खिड़की खोल के बाहर झाँको
सीढ़ी से नीचे उतरो
दरवाज़ा खोलो
जंगल को अन्दर आने दो

पेड़

पत्तों को कीड़े खाते हैं
पंछी फल खा जाते हैं
शिकार से लौटे थके जानवर
साये में सुस्ताते हैं
लकड़ी काम आ जाती है इन्सानों के
पेड़ का कोई हो या न हो
पेड़ तो सबका होता है

जंगल की सुब्ह

फ़ज़ा में भाप सी फैली हुई है
ज़मीं सनबाथ लेकर खिल रही है
फ़लक से झाँकता सूरज
बहोत बारीक किरनों से
दरख़्तों की दरारें भर रहा है
हरे पत्ते सुनहरे हो गए हैं
कहीं जाने की तैयारी में जंगल सज रहा है
परिन्दों का अलारम बज रहा है

जंगल की दोपहर

परिन्दे
शाख़ों पर
या घोंसलों में
परों में मुँह छुपाए ऊँघते हैं
कहीं पे इक्का-दुक्का जानवर कुछ
ज़मीं पर बैठे-बैठे हाँपते हैं
न सूखे पत्तों की है चरमराहट
न होती है कोई रस्ते पे आहट
सुबह से चलते-चलते थक थकाकर
हवाएँ पेड़ों पर सुस्ता रही हैं
न कोई आ रहा है
न कोई जा रहा है
बस इक सन्नाटा है जो छा रहा है

जंगल की शाम

इक सिन्दूर की डिबिया सा
सूरज अभी गिरा था खुलके जंगल पर
लेकिन अभी-अभी स्याही भी
फैल गई है पेड़ों पर
जंगल के गोशे गोशे में
उतर रही है तारीकी
सारे पंछी
सारे जानवर
लौट रहे हैं जल्दी-जल्दी
अपने-अपने घर की जानिब
एक अजब सा रहस्य है जो
धीरे-धीरे अपने पाँव पसार रहा है
जंगल की तारीकी पल में
घनी रात में ज़म होती है
उम्र शाम की कम होती है

रात की परछाइयों का तांडव

रात के सोए पहरों में
बस्ती में जब सन्नाटा गहराता है
जंगल में ऊधम होता है
पेड़ों पर चेहरे उगते हैं
पाँव निकल आते हैं पेड़ों और पौदों के
शाख़ें सारी धीरे धीरे बन जाती हैं जैसे हाथ
लम्बी-लम्बी जीभ के जैसे पत्ते हो जाते हैं लाल
पेड़ उखड़कर मिट्टी से जंगल में चलने लगते हैं
सारे पेड़ बदल जाते हैं भूतों और चुड़ैलों में
पुण्य की इच्छा पाप की इच्छा
धन की इच्छा प्रेम की इच्छा
इच्छाओं का भोग लिए
तनमन में सम्भोग लिए
इक सुन्दर संजोग लिए
जाने कितने कच्ची मौतें मरे हुए ज़िन्दा होते हैं
युगों युगों की प्यासी रूहें
तन्हाई को महफ़िल करने
अपने ख़ालीपन को भरने
इक दूजे के आधेपन से
ख़ुद को पूरा करने की ख़्वाहिश का जश्न मनाती हैं
कहीं पे मक़तल सजता है

कहीं पे मुजरा होता है
कहीं किसी झरने के नीचे दो प्रेमी गाना गाते हैं
कटे हुए इन्सानों के पकवानों की देगें चढ़ती हैं
यहाँ पे उत्सव
वहाँ पे जलसा
आग धुआँ वहशत का रक़्स
लम्बे चौड़े भारी भरकम शैतानों के बिखरे अक्स
तरह तरह की भाषाएँ
तरह तरह की आवाज़ें
फ़ज़ा में इक दूजे से मिलकर गुत्थमगुत्था होती हैं
कभी तड़कने लगती हैं
कभी भड़कने लगती हैं
कभी क़हक़हा मारके हँसती
कभी चीख़ने लगती हैं
सिसक-सिसक कर बेहंगम सा शोर मचाने लगती हैं
पेड़ सहम कर धरती में गड़ जाते हैं
पत्ते फिर से जीभ से पत्ते बन जाते हैं
शाख़ें फिर से हाथ से शाख़ें बन जाती हैं
पूरा जंगल आवाज़ों की परछाईं से भर जाता है
कोना-कोना काले ख़ौफ़ की दहशत से डर जाता है

जुगनू

सितारे
निकले थे
कल रात
जंगल के बदन पर
ज़मीं को
आसमां होते हुए
देखा था मैंने

बबूल

कौन करे याराना उससे
जिसकी जड़ से फुनगी तक
काँटा ही काँटा रहता है
न तो काम का फल है जिसका
न मतलब के पत्ते हैं
गोलमटोल चवन्नी जितने
नहीं चवन्नी से भी छोटे
ऊपर-ऊपर खिलते हैं
सूरज जैसे पीले फूल
बारह आने की ख़ुशबू
हवा के पल्लू से खुलकर
काँटों पे छिट जाती है
धूप भी उसकी छाँव में आके
पूरी तरह कट पिट जाती है

बेर

ऊपर डाली
नीचे साया
साये में शबरी की छाया
उस छाया में राम खड़े हैं
पास ही जूठे बेर पड़े हैं

कदम्ब

फिर हवा कदम से कहती है
मैं इसलिए धीरे चलती हूँ
तिरा पत्ता कोई बिखरे न
कोई फल टहनी से टूटे न
उस दिन मैं तुझे झुलाऊँगी
जिस दिन आएँगे माखनचोर
बाजेगी बन्सी कान्हा की
और जंगल में नाचेगा मोर
तू क्या जाने अनजान कदम
मैं ख़ुद से हुई पराई हूँ
तू मुझ को हवा समझती है
मैं राधा की परछाईं हूँ

देवदार

देवदार के पौदे को
पार्वती ने ऐसे पाला
जैसे उनका बच्चा हो
जड़ में ऐसे पानी डाला
जैसे दूध पिलाया हो
बचे हुए पानी से ऐसे
पत्तों और शाख़ों को धोया
जैसे नहलाया हो अपने बच्चे को
माँ की ममता
इन्सानों और पेड़ों के
सारे फ़र्क़ मिटा देती है
ग़ौर से देखो
पेड़ों में भी जां होती है
दिल होता है
लेकिन तुम कैसे देखोगे
माँ होना मुश्किल होता है

महुआ

खेतों में
गेहूँ की बालें
सूख के खनखन बजती हैं
आँधी आने वाली है
बारिश होने वाली है
महुए के गुच्छों से शब भर
पका हुआ महुआ टपका है
सुब्ह सवेरे
पेड़ के नीचे
लाखों मोती बिखरे हैं
सूरज फ़ोटो खींच रहा है

आम

बौराए आमों की ख़ुशबू
फ़ज़ा में मदिरा घोल रही है
हवा नशे में डोल रही है
कुछ मौसम भी रिन्दाना है
पूरा जंगल मयख़ाना है

जामुन

काली–काली हब्शन के
नैन छुपे हैं पत्तों में
दूर देस का इक राही
डाल पकड़कर लटका है
उन नैनों में अटका है
रस्ता भूला भटका है

इमली

बिन खाए ही
दाँत के नीचे
दबी हुई है खटास कोई
खटास में है मिठास कोई
मुँह में पानी भरा हुआ है

बरगद

बहोत पुराना ऋषि है कोई
किसी तपस्या में ऐसा खोया
कि पूरा लकड़ी का हो गया है
शरीर लकड़ी है
प्रान लकड़ी है
ध्यान लकड़ी है
ज्ञान लकड़ी है
हज़ारों सालों से बैठा-बैठा
वो एक आसन में जम गया है
समय है कोई जो थम गया है

पीपल

गाँव की सरहद पर बैठा
नब्बे साल का इक बूढ़ा
सबके लिए दुआ करता है
जो बच्चे परदेस गए हैं
उनका रस्ता तकता है

ताड़

बचपन से ही भाग रहा है जान बचाकर
एक आदमी मूँछों वाला
हंडिया और गंडासा लेकर
चढ़ा हुआ है गर्दन पर
जगह जगह से काट रहा है
छील रहा है
छाँट रहा है
ज़ख़्मी करके उसे रुलाया जाता है
बूँद-बूँद हंडिया में टपकाया जाता है
उसके आँसू दरिया भी हैं क़तरा भी हैं
अमृत भी हैं मदिरा भी हैं

पाकड़

मई जून की दोपहरी में
उसकी ठंडी घनी छाँव में
सुस्ताने को जी करता है
हरे-हरे पत्तों पे उसके
मर जाने को जी करता है
नन्हे मुन्ने रंग बिरंगे
पंछी आते जाते हैं
बड़े मटर के दाने जैसे
पके हुए फल खाते हैं
कुदरत के गुन गाते हैं

गूलर

फूल बिना ही फल आता है
जाने फूल कहाँ जाता है
गूलर के अन्दर होती है
चमकीले पंखों वाली
इक छोटी सी चिड़िया भी
जब भी गूलर खाने जाओ
फूल चुराकर उड़ जाती है

नीम

जल जाए या कट जाए
मोच पड़े सूजन आ जाए
फोड़ा हो या फुन्सी हो
चेचक हो या खुजली हो
चाहे पेट में कीड़ा हो
या कोई भी पीड़ा हो
ये जो कड़वा नीम है
यही तो सबका हकीम है

बाँस

मिट्टी से बाहर आते ही
आसमान का रुख़ करते हैं
एक साथ कई होते हैं
मिलकर ऊपर जाते हैं
धीरे धीरे आसपास की
धरती पर क़ब्ज़ा करते हैं
अपना कुनबा फैलाते हैं
गर्मी की दोपहरी में
तेज़ हवा की संगत में
अपने ही पुरखों का लिक्खा
कोई गाना गाते हैं
बाँसों के झुरमुट में अक्सर
साँप भी छुपकर रहते हैं
बत्तख़ फिर भी बँसवारी में
अंडा देने जाती है

शीशम

जाने कितने साल से है
जाने कितना और जिएगा
ये मालूम है उसको ही
उसको मौत नहीं आती
जीने से घबरा जाए तो
मर जाता है
वो भी अपनी मर्ज़ी से

फ़ितरत

शेर इन्सान होते अगर
कल की ख़ूराक के फेर में
मारे जाते सभी जानवर
या उन्हें घेरकर लाया जाता कहीं
इक बड़े से इलाक़े को बाड़ा बनाकर
वहीं रक्खा जाता उन्हें
और फिर
बारी बारी सभी
मारे जाते
ग़िज़ा बनते शेरों के परिवार की
वो दरिन्दे जो बेचारे कमज़ोर हैं
मांसाहारी तो हैं पर शिकारी नहीं
उनको जंगल में खाना ही मिलता नहीं
या तो मर जाते
या भूक अपनी मिटाने
निकल पड़ते शहरों में
देहात में
कितना अच्छा है शेरों में लालच नहीं आदमी की तरह
हमला करते हैं तब
भूक लगती है जब
भैंस हो या हिरन

वो कभी भूक से ज़्यादा खाते नहीं
कुछ भी रखते नहीं
बाँट देते हैं सब
उन दरिन्दों में जो
मांसाहारी तो हैं
पर शिकारी नहीं

जंगल में डेमोक्रेसी

शेरों ने एलान किया है
अब जंगल आज़ाद रहेगा
अब न कोई वीरानी होगी
अब न कोई बर्बाद रहेगा
जंगल में जितने प्रानी हैं
सब जंगल के मालिक होंगे
जंगल जितना शेर का होगा
उतना होगा चींटी का भी
अब न कोई भी राजा होगा
और न होगा प्रजा कोई
लोकतंत्र मुल्कों के जैसे
होंगे इलेक्शन अब जंगल में
सब का वोटर कार्ड बनेगा
जो जीतेगा राज करेगा
एक नया क़ानून बनेगा
जो सब पर ही लागू होगा
शेरों के एलान के अन्दर
तेंदुओं की मंज़ूरी भी है
लकड़बग्घों का ग़ोल है पीछे
और भेड़ियों का जत्था भी
गिद्धों की भी और चीलों की भी

शेरों से अच्छी जमती है
इक बोसीदा सी चट्टान पे
शाहीनों के बच्चे अपने
पुरखों के सब झूटे सच्चे
क़िस्से दोहराते बैठे हैं
हाथी पूरी मज़बूती से
खड़े हैं सब अपने पैरों पे
चिन्ता है न आज की उनको
और न कल की परवा कोई
इसीलिए वो ख़ामोशी से
नया तमाशा देख रहे हैं
गेंडे भी हाथी के जैसे
वाक़िफ़ हैं अपनी ताक़त से
वो अपने फ़ार्म हाउस पर हैं
फिर भी हिस्सा हैं खेलों का
उधर सियारों लोमड़ियों ने
मिलकर कोई विचार किया है
अपने मतलब के चक्कर में
सबने झूटा प्यार किया है
नेवलों ने भी मोबाइल पे
साँपों को 'लव यू' भेजा है
झुंड बनाके सब चिड़ियों का
पेड़ों पेड़ों घूम रहा है
अपने पंछी समाज के अन्दर
लगा हुआ है इक कौवा भी
कौवे को कोयल बहनों ने
आज नई राखी बाँधी है
चूहे अपने बिलों के बाहर

खुली हवा में रपट रहे हैं
ख़रगोशों पर झपट रहे हैं
भैंसें अपना कुटुम्ब सँभाले
बहते दरिया में बैठी हैं
सूअर इक गन्दे जौहड़ में
धींगा मश्ती मचा रहे हैं
आदत से मजबूर बिचारे
आज भी कुत्ते भौंक रहे हैं
एक दूसरे के रस्ते को
ख़ुद ही लड़कर रोक रहे हैं
इक साधू की चिलम चुराकर
भालू गाँजा फूँक रहे हैं
अमरूदों के पेड़ पे चढ़कर
बन्दर क्रिकेट खेल रहे हैं
एक गिलहरी इक गौरैया
इक दूजे को छेड़ रही हैं
नए जहाज़ के विज्ञापन की
इक शूटिंग की तैयारी में
ज़िराफ़ की पूरी टीम लगी है
हिरन के बच्चे बेफ़िक्री में
स्कूलों से लौट रहे हैं
शाम हुई है तोता मैना
शह्र से डीजे ले आए हैं
सभी जानवर सभी परिन्दे
नाच रहे हैं झूम रहे हैं
आज़ादी से घूम रहे हैं
जंगल में सब ठीकठाक है
पर शेरों को भूक लगी है

नये मौसम का जश्न

आंधियाँ पहले भी आती थीं चली जाती थीं
घोंसले कितने परिन्दों के बिखर जाते थे
टूट जाती थीं दरख़्तों की हज़ारों शाख़ें
और कई पेड़ तो जड़ से ही उखड़ जाते थे
जानवर मरते थे मर जाते थे पंछी कितने
कुछ दिनों रहता था जंगल में बड़ा हंगामा
फिर हवा आती थी बरसात का मौसम लेकर
बारिशें आँधी के सब दाग़ मिटा देती थीं
नद्दियों नालों में टूटे हुए फल बहते थे
कोख धरती की उगा देती थी लाखों पौदे
फिर यही पौदे बड़े होके शजर बनते थे
फिर से गाते थे सभी पेड़ ख़ुशी के नग़मे
टूटे पेड़ों पे नई शाख़ें निकल आती थीं
ख़ाक तो ख़ाक है पत्थर पे भी आती थी बहार
जश्न फिर होता था जंगल में नए मौसम का
लेकिन इस बार कुछ ऐसी है बला जंगल में
जिसका कुछ तोड़ न है कोई दवा जंगल में
काम कुछ करती नहीं कोई दुआ उसके ख़िलाफ़
तय भला कौन करे कोई सज़ा उसके ख़िलाफ़
उसका क़ब्ज़ा है हवाओं पे भी बरसात पे भी
उसका पहरा है बदलते हुए दिन रात पे भी

फूल पे, तितली पे, चिड़ियों पे भी पाबंदी है
पूरे जंगल पे अजब छाई हुई ज़र्दी है
हुक्म है पेड़ों को अब लिक्खें क़सीदे उसके
जानवर उसके ही कामों पे मुक़र्रर हैं सभी
उसका मज़लूम है महकूम है सारा जंगल
बोलता कुछ भी नहीं ख़ौफ़ का मारा जंगल

जंगल का ऑर्केस्ट्रा

शाम ढली बरगद महाराज
गोद में लेके तानपुरा
छेड़ रहे हैं मन के तार
पास में ही पंडित पीपल
हारमोनियम पर बैठे
सुरों में हैं अपने उलझे
जमे हुए हैं तबले पर
बड़े लकड़बग्घा उस्ताद
थाप पखावज पर देते
झूम रहे हैं भालू ख़ान
सारंगी में डूबे हैं
मूँद के आँख सियार गुरु
भूल के अपने पाँव का दुःख
छेड़ रहा है मोर सितार
मैना और बुलबुल की भी
लय उभरी है प्यार भरी
कहीं पपीहा पिहू पिहू
कहीं है कोयल कुहू कुहू
ज़ख़्मी चीता पंजों से
बजा रहा है कहीं गिटार
जाने कैसा जुनूं है ये

जाने कैसी धुन है सवार
दौड़ भाग से तेंदुओं की
उभर रही है कथक पढ़न्त
तिरकिट तिरकिट तिरकिट धा
तकधिन तकधिन तकधिन धा
बन्दर भालू खिले हुए
इक दूजे से मिले हुए
डोल रहे हैं ठुमक ठुमक
घुँघरू बोले झुनक झुनक
पहन के पायल पैरों में
हिरनों ने भी भरी कुलाँच
कारपेट पे घासों के
जारी है फ़ितरत का नाच
कांगो बांगो लिए हुए
हैं नन्हे मुन्ने ख़रगोश
गले में चैलो लटकाकर
घूम रहे हैं कई ज़िराफ़
सूँड़ उठाकर हाथी भी
बजा रहे हैं सेक्सोफ़ोन
पत्ता पत्ता इश्क़ में है
पूरा जंगल है रॉक ऑन
टूट के ऊँचे पर्बत से
गिरते हैं पत्थर ऐसे
जैसे बजे नगाड़े हों
जैसे शेर दहाड़े हों
शेरों की गुर्राहट में
गूँज रहा है कहीं ड्रम
भौंक भौंक कर कुत्ते भी

बजा रहे हैं कबसे डफ़
चहा, किलहटी, गौरैया
खँजरी माँदल लिए हुए
रिदम के पीछे हों जैसे
सुरों के नीचे हों जैसे
चिड़ियों की चहकारों में
बाँसुरियों की बोली है
सुरमंडल की भाषा है
प्यानो की आवाज़ें हैं
बलखाते गिरते झरने
दरिया के चंचल धारे
जंगल की मौसीक़ी में
घोल रहे हैं मेलोडी
तानें भी हैं सरगम भी
सुर कोमल है मद्धम भी
हारमनी है हमिंग भी है
पानी में सिंगिंग भी है
धीरे धीरे चली हवा
वायलिन जैसी बजी हवा
महबूबा की ज़ुल्फ़ों सी
महकी महकी खुली हवा
बँसवारी में खड़क उठे
फिर खड़ताल मंजीरों से
सभी जानवर सभी दरख़्त
सूफ़ी सन्त फ़क़ीरों से
जैसे तुम्बा कहीं बजे
ज़मीं पे टपके ऐसे आम
अलख निरन्जन अल्लाहू

कहीं है मौला कहीं है राम
बाँसों की रगड़न का ताव
आमों की टूटन का घाव
मैना और बुलबुल की आस
कोयल की बरसों की प्यास
शेरों के गुस्से का रंग
पत्थर से पत्थर की जंग
पेड़ों के अन्दर का ग़म
हाथी का रहना बरहम
चिड़ियों के ये मन की आग
हवा का है ये भीगा राग
आँसू से लिक्खा गीत है ये
दिल से निकला संगीत है ये
संगीत में सात समुन्दर है
जंगल भी क्या कम्पोज़र है

बनवासी

जंगल ही आकाश है उनका
जंगल ही उनकी धरती है
जंगल घर है
जंगल माँ है
इस जंगल में सभी नियम क़ानून हैं उनके
राजा हैं वो जंगल के
दोस्त अगर हो जाएँ तो
दोस्त की ख़ातिर मर जाएँ
दुश्मन हों तो तीर चला दें सीने पर
कल का बोझ नहीं रखते हैं सर पर वो
सर में उनके धुन होती है
अपनी धुन में जीते हैं
उनका जीवन एक कला है
गणित नहीं आती है उनको
मेवे और मसाले से वो नमक बदलकर लाते हैं
मछली मारके
चावल खाके
हंड़िया पीके
आग जलाके
हवा के सुर में गाते हैं
आज का जश्न मनाते हैं

साँसों का विश्वास

मैं जंगल हूँ
पानी भी हूँ
ज़मीन भी हूँ
और ख़ुदा के होने का मैं यक़ीन भी हूँ
तुम मुझको लकड़ी की ख़ातिर मत काटो
मेरी जड़ों के अन्दर कोयला मत ढूँढ़ो
सोना चाँदी
पीतल तांबा
लोहा लक्कड़
पत्थर वत्थर
जो कुछ भी मेरे अन्दर है
सब मिट्टी है
मिट्टी के चक्कर में मिट्टी मत खोदो
मेरी बर्बादी में मौत है दुनिया की
मैं जैसा हूँ वैसा ही रहने दो मुझको
जबतक मैं हूँ
तब तक तुम हो
तुममें ज़िन्दा होने का एहसास हूँ मैं
आती जाती साँसों का विश्वास हूँ मैं

पेड़ कभी नहीं मरता है

घर में जो फ़र्नीचर है
उसको धूप हवा पानी से दूर रखो
कुर्सी मेज़ में
अलमारी में
जाने कब पत्ते आ जायँ
किसी को भी मालूम नहीं
लकड़ी और मिट्टी में फिर से
जड़ का कब रिश्ता हो जाय
किसी को भी मालूम नहीं
जैसे हॉरर फ़िल्मों में
आत्माएँ भटकती हैं
वैसे ही मौसम में छुपके
पेड़ों की रूहें रहती हैं
ऊपर से काला कर दो या पीला कर दो
अन्दर पेड़ हरा रहता है
पेड़ कभी नहीं मरता है

ग़ज़लें

मैं हूँ इन्सान तो होने का पता दे जंगल
राम जैसे थे मुझे वैसा बना दे जंगल

फिर मिरे लोगों ने बनवास दिया है मुझको
फिर मुझे घर से बिछड़ने की सज़ा दे जंगल

बेर भी शबरी के जूठे मिरे हिस्से में नहीं
मैं बहोत भूका हूँ कुछ मुझको खिला दे जंगल

अबके बनवास में सीता हैं न लछमन मिरे साथ
जितने इलज़ाम हैं सब मुझपे लगा दे जंगल

मैं ही रावन भी हूँ हनुमान की सेना भी मैं
मैं ही घायल हूँ मुझे कोई दवा दे जंगल

वाल्मीकि बने कोई मिरे लव कुश के लिए
मेरे बच्चों को भी जीने की अदा दे जंगल

मैं हूँ वीरान बहोत शह्र की आबादी में
अपने जंगल में मुझे थोड़ी जगह दे जंगल

तुझमें रहता हूँ तो तुझसा ही नज़र भी आऊँ
अपने पत्तों से मिरा जिस्म सजा दे जंगल

अपने महुए की महक को मिरे नथुनों से गुज़ार
अपनी पुरुवाई का मुझको भी नशा दे जंगल

मुझको बस्ती की तरफ़ लाई है पानी की तलाश
गुम न हो जाऊँ कहीं मुझको सदा दे जंगल

दाने होते हैं जहाँ जाल भी होते हैं वहीं
अपने मासूम परिन्दों को दुआ दे जंगल

आग दुनिया ने लगाई है तिरे सीने में
तू भी इस आग से दुनिया को जला दे जंगल

शह्र सदियों से तुझे काट रहा है हर दिन
शह्र को तू भी किसी रोज़ मिटा दे जंगल

मुझसे मत पूछ कि मैं राख हुआ हूँ कैसे
तू भी जल जाएगा मत मुझको हवा दे जंगल

आसमां तीर लिए रोज़ मुझे ढूँढ़ता है
मुझको छतनार दरख़्तों में छुपा दे जंगल

ख़्वाब ये है कि शिकारी हैं मुझे घेरे हुए
और मैं नींद में हूँ मुझको जगा दे जंगल

ख़ून में डूबे हुए हैं सभी मन्दिर मस्जिद
मुझको पूजा के लिए अपना ख़ुदा दे जंगल

भागते भागते मैं थक सा गया हूँ यारा
मेरे रस्ते में कोई पेड़ गिरा दे जंगल

अब जो जन्मूँ तो मैं इन्सान नहीं पेड़ बनूँ
मर गया हूँ मुझे मिट्टी में मिला दे जंगल

दीवारों पर घास उगी है कमरा कमरा जंगल है
जंगल तो बाहर होता है अन्दर कैसा जंगल है

कोई बताए कहाँ बसाऊँ इन्सानों की बस्ती मैं
कहाँ से काटूँ कितना काटूँ पूरी दुनिया जंगल है

यहाँ वहाँ से कट जाता हूँ मैं भी जंगल कटने से
मैं जंगल में रहता हूँ या मुझमें रहता जंगल है

पंछी अपने आप में गुम हैं, हवा भी चुप सन्नाटा भी
भरापुरा जंगल है लेकिन कितना तनहा जंगल है

कहीं परिन्दे, कहीं जानवर, कहीं पे तितली, कहीं पे फूल
बच्चों के सामान के जैसा बिखरा-बिखरा जंगल है

वही है रंगत, वही है साया, वही है पतझड़,वही बहार
दुनिया झूटी हो गई लेकिन आज भी सच्चा जंगल है

मैंने पिक्चर में देखा था आदम बाबा रहते थे
तबसे अब तक सोच रहा हूँ कितना बूढ़ा जंगल है

बस्ती पीछे आगे जंगल
और कहाँ तक भागे जंगल

दरिया की साज़िश पे चुप है
कितना बेबस लागे जंगल

जाने कैसा डर है मन में
पूरे तन से जागे जंगल

हाथ उठाकर आसमान से
ख़ैर सभी की माँगे जंगल

कथा सुनाऊँ क्या रिश्तों की
टूट गए सब धागे जंगल

शह्र बहोत पागल है लेकिन दीवाना है जंगल भी
कहकर देखो सुनकर देखो अफ़साना है जंगल भी

बोतल में जो नशा है उसको हवा में भी महसूस करो
शाम ढले तो घूम के देखो मयख़ाना है जंगल भी

सहरा और समुन्दर मेरे हाथों पैरों से वाक़िफ़
चप्पा-चप्पा मेरा जाना-पहचाना है जंगल भी

दिल उजड़े तो सारी दुनिया उजड़ी उजड़ी लगती है
घर भी है अजनबियों जैसा बेगाना है जंगल भी

मज़हब की बीमारी ऐसी फैलाई इन्सानों ने
थोड़ा सा मस्जिद है थोड़ा बुतख़ाना है जंगल भी

धूप का, छाँव का, बारिश का, हवा का जंगल
राम हैं इसमें जलाओ न ख़ुदा का जंगल

जाने कब चीख़ पड़ूँ बरसों से ख़ामोश हूँ मैं
उग रहा है मिरे सीने में सदा का जंगल

एक दरगाह हरे रंग की वीरान हुई
कुछ गुनहगारों ने फूँका है दुआ का जंगल

माँगते फिरते हैं अब नीम हकीमों से इलाज
ख़ुद ही काटा है मरीज़ों ने दवा का जंगल

छुपके रहते हैं कई भूके दरिन्दे मुझमें
इस तरफ़ आना नहीं मैं हूँ सज़ा का जंगल

एक दिन पेड़ सभी जड़ से उखड़ जाएँगे
बात मानो मिरी दुनिया है फ़ना का जंगल

हम यारों का यार है जंगल
हफ़्ते में इतवार है जंगल

दरिया के इस पार है सहरा
दरिया के उस पार है जंगल

धर्म न पूछे ज़ात न पूछे
सबका पालनहार है जंगल

तुम भी कुछ दिन रहकर देखो
एक अलग सन्सार है जंगल

कैसे कैसे फूल खिले हैं
कितना ख़ुशबूदार है जंगल

पर्बत को बाँधे रखता है
रस्सी है न तार है जंगल

दुनिया है पानी ही पानी
कश्ती है पतवार है जंगल

बस्तियाँ बस गईं, अश्जार से जंगल निकला
कट गए पेड़ तो दीवार से जंगल निकला

एक दिन बढ़ते हुए दरिया को रोका हमने
मैं इधर से चला उस पार से जंगल निकला

इक चुभन बनके रहा मेरा सफ़र भी मुझमें
पाँव से निकले हुए ख़ार से जंगल निकला

पहले काटा गया फिर काट के जोड़ा भी गया
फिर नई शक्ल में बाज़ार से जंगल निकला

उसमें दर आए थे अमराज़ दरिन्दों की तरह
रुक गई साँस तो बीमार से जंगल निकला

जुर्म छुपता है कहाँ रात के पर्दे में 'शकील'
हो गई सुब्ह तो अख़बार से जंगल निकला

सदियों से चुप रहते हैं सन्नाटा जंगल और मैं
इसीलिए तो दुःख सहते हैं सन्नाटा जंगल और मैं

यहाँ वहाँ खिलता रहता हूँ मैं तो हूँ आवारा फूल
टूट के दरिया में बहते हैं सन्नाटा जंगल और मैं

कोई नहीं रहता है मुझमें साहिल पे मैं रेत का घर
आँधी आए तो ढहते हैं सन्नाटा जंगल और मैं

कितने बेरिश्ता हैं तीनों अपने अपने रिश्तों में
भीड़ में भी तन्हा रहते हैं सन्नाटा जंगल और मैं

आवाज़ों के इस मेले में अपनी भाषा समझे कौन
बिन बोले सबकुछ कहते हैं सन्नाटा जंगल और मैं

कटे हैं हाथ पेड़ों के दुआ जंगल से ग़ायब है
क़यामत आने वाली है ख़ुदा जंगल से ग़ायब है

दरिन्दे आदमी का रूप धारन करते जाते हैं
मरज़ बढ़ने लगा है और दवा जंगल से ग़ायब है

किसे मालूम चिंगारी कहाँ से उड़ के आई थी
लगाकर आग जंगल में हवा जंगल से ग़ायब है

ज़मीनें तप रही हैं मर रहे हैं जानवर सारे
न पानी है न साया है घटा जंगल से ग़ायब है

परिन्दे, जानवर, कीड़े, सभी आपस में लड़ते हैं
कई दिन से मोहब्बत की फ़ज़ा जंगल से ग़ायब है

हज़ारों लाशें बिखरी हैं, जो ज़िन्दा हैं वो ज़ख़्मी हैं
न लकड़ी है न अग्नि है चिता जंगल से ग़ायब है

सावन भादों, बादल बिजली, बरखा पानी पेड़
छतरी ओढ़े खड़े हुए हैं धानी धानी पेड़

महल है जंगल, बरगद पीपल सारे चौकीदार
आम और इमली बने हुए हैं राजा रानी पेड़

पौदे सारे भैया बाबू, दीदी बहिनी, दोस्त
अम्मा अब्बा, दादा दादी, नाना नानी पेड़

किस कारन धरती बाँटी थी फल बदले न फूल
इक जैसे हैं हिन्दुस्तानी पाकिस्तानी पेड़

चलते चलते गिर जाते हैं रस्ते में इक रोज़
जीते जीते मर जाते हैं हम इन्सानी पेड़

बरसों फूली फली है लकड़ी
फिर चूल्हे में जली है लकड़ी

आशिक़ आग लिए फिरता है
महबूबा की गली है लकड़ी

नाच रही है धुएँ की लय पर
गाती अली अली है लकड़ी

पहले काटी गई है जबरन
फिर साँचे में ढली है लकड़ी

तेज़ हवा से डर जाती है
दीवारों में पली है लकड़ी

पता नहीं कब घर पहुँचेगी
जंगल से तो चली है लकड़ी

मेल जोल है चौपालों की
हर हुक़्क़े की नली है लकड़ी

धूप में दिनभर जला है जंगल
सूरज सा फिर ढला है जंगल

पर्बत पर्बत, सहरा सहरा
कितना पैदल चला है जंगल

देख लिया सब जोड़ घटाकर
गणित नहीं है कला है जंगल

सूफ़ी का संगीत है इसमें
और जोगी का गला है जंगल

सर पर हैं इल्ज़ाम हज़ारों
फिर भी कितना भला है जंगल

मिरी ख़ामोश वहशत का निशां जंगल से निकला था
लगी थी आग सीने में धुआँ जंगल से निकला था

हवाएँ ले उड़ी थीं एक दिन मेरे सभी आँसू
फिर उसके बाद इक आब-ए-रवां जंगल से निकला था

ख़याल आया जब उड़ने का तो पर निकले परिन्दों के
परों के साथ ही इक आसमां जंगल से निकला था

बुराई ने बहोत रोका था हमको आगे बढ़ने से
भलाई की तरफ़ जब कारवां जंगल से निकला था

शजर भी कटते रहते हैं फ़ना बस्ती भी होती है
खुदाई हो रही थी जब मकां जंगल से निकला था

कटी थी उम्र मेरी रास्ता हमवार करने में
मिला था फिर से जंगल मैं जहाँ जंगल से निकला था

हज़ारों साल तक सन्नाटे को सुनता रहा चुपचाप
मैं उसके बाद कहने दास्तां जंगल से निकला था

तनमन में इक आलस है और अंगड़ाई है जंगल में
हलके हलके नशे के जैसी पुरुवाई है जंगल में

पूरा जंगल महक रहा है आम के बौर की ख़ुशबू से
और हवा भी बौर से मिलके बौराई है जंगल में

मैंने जितने जिस्म छुए थे सब हाथों में भर आए
यादों का मेला है मुझमें तन्हाई है जंगल में

जंगल में हैं चन्द शिकारी शह्र में गुंडे हों जैसे
इक लड़की हिरनी के जैसी घबराई है जंगल में

एक दुकान है जिसमें कुछ सामान रखे हैं जीने के
लेकिन कौन ख़रीदे इनको महँगाई है जंगल में

पीला ज़रा ज़रा है जंगल
फिरभी कितना हरा है जंगल

नए नए पत्ते आए हैं
उम्मीदों से भरा है जंगल

जाने किसने कहाँ से लाके
हर पर्बत पे धरा है जंगल

सोते सोते चीख़ उठा है
ख़्वाब में शायद डरा है जंगल

कटा फटा है यहाँ वहाँ से
तड़प तड़प के मरा है जंगल

पतझड़ को फिर भूक लगी थी
पतझड़ ने फिर चरा है जंगल

बात बहोत ही कम करता है
बात का लेकिन ख़रा है जंगल

काँटे ख़ुद अपनी राह में बोता है जंगली
अक्सर पढ़े लिखों में भी होता है जंगली

दिन भर शिकार करता है जंगल में घूमके
रातों को चढ़ के पेड़ पे सोता है जंगली

इक पाप है जो आज भी पुरखों के सर पे है
इक बोझ है जो सदियों से ढोता है जंगली

जंगल में एक लाश के नज़दीक बैठकर
मैली कुचैली आँख से रोता है जंगली

जबसे हुई है शह्र की लड़की से दोस्ती
खाने से पहले हाथ भी धोता है जंगली

पेड़ों का सम्मान हो भाई
जंगल का गुनगान हो भाई

जंगल ने सहरा से पूछा
क्युँ इतने वीरान हो भाई

लकड़ी ने दीमक से पूछा
क्या तुम भी इन्सान हो भाई

वादी ने पर्बत से पूछा
क्युँ बनते भगवान हो भाई

पेड़ों ने दरिया से पूछा
लाते क्युँ तूफ़ान हो भाई

कौवे ने तोते से पूछा
क्युँ इतने नादान हो भाई

कोयल ने कौवे से पूछा
क्युँ इतने शैतान हो भाई

तितली ने इक फूल से पूछा
क्युँ मुझसे अन्जान हो भाई

सीता लछमन राम है जंगल
जैसे कोई धाम है जंगल

शबरी के जूठे बेरों से
मीठा सुब्ह-ओ-शाम है जंगल

पत्ते पत्ते पर लिक्खा है
मीरा का घनश्याम है जंगल

जाना तेरी छाँव में रहके
माँ जैसा आराम है जंगल

आ मेरे साये में आजा
सर पर तेरे घाम है जंगल

पुरखों ने कुछ पाप किए थे
सदियों से बदनाम है जंगल

पागल, वहशी, अनपढ़, जाहिल
तुझपे सौ इल्ज़ाम है जंगल

रिमझिम रिमझिम बरसातों में
छलका छलका जाम है जंगल

अल्हड़ सी इक भोर कुँवारी
दुल्हन जैसी शाम है जंगल

मौसम बदले, हवा चलाए
ये भी कोई काम है जंगल

जहाँ तक तिरा आसमां है परिन्दे
वहाँ तक धुआँ ही धुआँ है परिन्दे

जला तेरा जंगल लुटी तेरी बस्ती
तुझे कुछ ख़बर है कहाँ है परिन्दे

दबाया गया है उड़ानों को तेरी
तिरे सर पे कोह-ए-गिरां है परिन्दे

जो कहना है तुझको वो आँखों से रो ले
कहाँ तेरे मुँह में ज़बां है परिन्दे

तिरे घोंसले में है साँपों का डेरा
कहाँ अब तिरा आशियाँ है परिन्दे

नहीं कोई बाक़ी क़बीले में तेरे
वहीं तू भी मर जा जहाँ है परिन्दे

अकेला तू रह लेगा और वो भी ज़िन्दा
ये सब तेरा वह्म-ओ-गुमां है परिन्दे

नहीं जो किसी से डरेगा परिन्दे
तो बेमौत इक दिन मरेगा परिन्दे

मोहब्बत ने लाखों हज़ारों को मारा
मोहब्बत में तू भी मरेगा परिन्दे

यहाँ पारसा हैं गुनहगार सारे
तू इल्ज़ाम किस पर धरेगा परिन्दे

ठहर जा ठहर जा कहीं तो ठहर जा
कहाँ तक उड़ानें भरेगा परिन्दे

बहोत उड़ रहा था फँसा जाल में ना
मिरी जान अब क्या करेगा परिन्दे

धरती माँ की जान है जंगल
कुदरत की पहचान है जंगल

ग़ौर से देखो ख़ुदा दिखेगा
मानो तो भगवान है जंगल

तुलसीदास की रामायन है
ग़ालिब का दीवान है जंगल

मर के राख यहीं होना है
अर्थी है शमशान है जंगल

मज़हब है जंगल के बाहर
मज़हब से अन्जान है जंगल

इक आवाज़ है हर पत्ते में
फिर भी क्युँ सुनसान है जंगल

पानी है आईने जैसा
पानी में हैरान है जंगल

अभी अभी आँधी गुज़री है
आज बहोत वीरान है जंगल

फटा पुराना कपड़ा पहने
गाँव का इक इन्सान है जंगल

पेड़ हैं सारे फौजी जैसे
पूरा हिंदुस्तान है जंगल

पहले गुल बूटे उगते थे
अब चटियल मैदान है जंगल

बैठके गमले में आया है
आज मिरा मेहमान है जंगल

सूफ़ी, सन्त, फ़क़ीर, शकील
सबका ध्यान है ज्ञान है जंगल

उड़ती फिरती हुई तितलियाँ जंगली
मुझको अच्छी लगीं लड़कियाँ जंगली

मेरी बस्ती में जंगल भी आबाद है
मुझमें रहती हैं कुछ बिल्लियाँ जंगली

आजकल मेरे जंगल में सैलाब है
हो गई हैं सभी मछलियाँ जंगली

कुछ दिनों के लिए हम जो बाहर गए
घर में उगने लगीं झाड़ियाँ जंगली

तुमने स्वेटर बुना था मिरे नाम का
मैं भी लाया था कुछ सर्दियाँ जंगली

रात भी है सनीचर की और तुम भी हो
आज करते हैं कुछ मस्तियाँ जंगली

इक परिन्दे को पिंजरे में देखा 'शकील'
और खुलने लगीं खिड़कियाँ जंगली

छुप के कोई गल करते हैं चल जंगल
जंगल विच मंगल करते हैं चल जंगल

प्यार में जब हम दोनों ही झूटे हैं तो
कोई सच्चा छल करते हैं चल जंगल

बहोत बड़ी बड़ी आँखें हैं जान तिरी
इनमें कुछ काजल करते हैं चल जंगल

पानी बहोत छुपा हुआ है जंगल में
पानी को बादल करते हैं चल जंगल

तेरा मेरा आज फ़ैसला हो जाए
आज कोई दंगल करते हैं चल जंगल

लैला है छैला है जंगल में मंगल है
मौसम भी बदला है जंगल में मंगल है

बारिश ही बारिश है पानी ही पानी है
हर कोई फिसला है जंगल में मंगल है

राजा की बाँहों में रानी की चालें हैं
दहले पे नहला है जंगल में मंगल है

माशूक़ा भड़की है बिजली सी कड़की है
आशिक़ भी पगला है जंगल में मंगल है

फ़ोकट की पिकनिक है अंग्रेज़ी म्यूज़िक है
यारों का बंगला है जंगल में मंगल है

चिल्लम सवाली है बोतल भी ख़ाली है
हर कोई कंगला है जंगल में मंगल है

घासों का बिस्तर है तारों की चादर है
खिड़की न जंगला है जंगल में मंगल है

काले हों या पीले साँप
सारे हैं ज़हरीले साँप

पी के अपने गुस्से को
हो जाते हैं नीले साँप

पानी बरसा जंगल में
घूम रहे हैं गीले साँप

जिस दिन केंचुल छोड़ी थी
कितने थे चमकीले साँप

ख़्वाबों में जब आते हैं
लगते हैं रंगीले साँप

मुँह से झाग निकाल रहा है हाँप रहा है जानवर
अपने ही गुस्से में थर थर काँप रहा है जानवर

कहीं कोई बंदूक़ की नाली तनी हुई है सामने
छुपके रस्ता सूँघ रहा है भाँप रहा है जानवर

चन्द शिकारी घेरा डाले ढूँढ़ रहे हैं देर से
इक झाड़ी के अन्दर ख़ुद को ढाँप रहा है जानवर

अपनी अपनी जान बचाकर भाग रहे हैं आदमी
जाल फाड़ के टूट पड़ा है चाँप रहा है जानवर

शायद कुछ आराम मिला ज़ख़्मों को अपने चाट कर
नींद लगी है बैठे बैठे झाँप रहा है जानवर

शेरों के साथ उतरा दंगल में भेड़िया
मारा गया ना आख़िर जंगल में भेड़िया

आया है फिर से पीके इन्सान का लहू
फिर छुप रहा है माँ के आँचल में भेड़िया

अकड़ा हुआ पड़ा है सर्दी में आदमी
मुँह ढाँपे सो रहा है कम्बल में भेड़िया

चक्कर में बकरियों के इक रोज़ यूँ हुआ
ख़ुद मर गया था फँसके दलदल में भेड़िया

आसां नहीं है उसकी आँखों में झाँकना
बैठा हुआ है देखो काजल में भेड़िया

ज़ख़्मों में लकड़ियों के खोया था लकड़हारा
तुम मानो या न मानो रोया था लकड़हारा

दिनभर बहोत चलाईं आरा मशीनें उसने
तब खा के रूखी सूखी सोया था लकड़हारा

थे पेड़ टुकड़े टुकड़े इन्सां के जिस्म जैसे
काँधे पे अर्थियों को ढोया था लकड़हारा

धब्बा लगा था जैसा क़ातिल की आस्तीं पर
वैसा ही दाग़ इक दिन धोया था लकड़हारा

पेशा बदल भी जाए आदत नहीं बदलती
खेतों में अपने जंगल बोया था लकड़हारा

तुझमें कैसा सन्नाटा है, रात गए क्युँ बोले जंगल
सारी दुनिया सोई हुई है तू भी थोड़ा सो ले जंगल

भूल जा तुझपे किसने किसने कचरा फेंका धूल उड़ाई
बादल पानी ले आया है अपने कपड़े धो ले जंगल

तेरे भी कुछ पेड़ गिरे हैं मुझसे भी कोई बिछड़ा है
मैं भी हूँ तेरे ही जैसा मुझसे मिलके रो ले जंगल

मैं दरिया हूँ प्यास बुझाऊँ तू जंगल है साया कर
मैं सहरा की ओर मुड़ूँ तो साथ में तू भी हो ले जंगल

दुनिया बहोत बुरी है लेकिन अच्छे भी कुछ लोग हैं इसमें
इन अच्छे लोगों की ख़ातिर पाप की गठरी ढो ले जंगल

ख़ून का क़र्ज़ है, चुक जाएगा ईमान के साथ
मैं अभी बन में हूँ बनवास के वरदान के साथ

मेरी औक़ात ही क्या फूल हूँ जंगल का मगर
कोई रिश्ता है मिरा शह्र के गुलदान के साथ

मैंने जंगल में निभाए हैं बड़ी ख़ूबी से
फ़र्ज़ जितने भी हैं इन्सान के इन्सान के साथ

कम नहीं होता कोई चौदह बरस का रिश्ता
मुझमें ज़िन्दा मिरा जंगल है मिरी जान के साथ

इतने दिन बाद न ढूँढ़ो मिरा चेहरा मुझमें
मैं वही राम हूँ, लेकिन नई पहचान के साथ